PATTI SMITH

HINGABE

PATTI SMITH

HINGABE

Aus dem Englischen von
Brigitte Jakobeit

Kiepenheuer & Witsch

Die Übersetzerin dankt Uljana Wolf für die Übertragung des Gedichts »Ashford«.

MIX
Papier aus verantwortungsvollen Quellen
FSC® C083411
www.fsc.org

Verlag Kiepenheuer & Witsch, FSC® N001512

1. Auflage 2019

Titel der Originalausgabe: Devotion

Die Originalausgabe erschien 2017 unter dem Titel »Devotion« in der Reihe »Why I Write« bei Yale University Press, New Haven, London.
Aus dem Englischen von Brigitte Jakobeit

Umschlaggestaltung: Rudolf Linn, Köln
Umschlagmotiv Vorderseite: © Stephen Sebring
Rückseite: © Edward Mapplethorpe
Innentypografie: Alina Martin, Stuttgart
Gesetzt aus der Sabon LT Std
Satz: Buch-Werkstatt GmbH, Bad Aibling
Druck und Bindung: CPI books GmbH, Leck
ISBN 978-3-462-05168-1

Für Betsy Lerner –
meine Freundin und Ratgeberin

INHALT

Inspiration ist eine unberechenbare Größe, die Muse, die einen zur Geisterstunde heimsucht. Die Pfeile fliegen und man merkt nicht, wenn man getroffen wird und eine Vielzahl unterschiedlicher Auslöser sich zu einem eigenen Organismus verbinden, der einen mit dem Keim einer unheilbaren Krankheit infiziert – einer flammenden Phantasie, teuflisch und göttlich zugleich.

Was fängt man an mit den resultierenden Impulsen, mit diesen Nervenenden, die flackern wie eine leuchtende Karte diebischer Sternbilder? Die Sterne pulsieren. Die Muse will angeregt werden. Aber der Verstand ist auch Muse. Er versucht seine glorreichen Gegenspieler zu überlisten und die Quellen der Inspiration neu zu polen. Ein kristallklarer Bach, plötzlich versiegt. Etwas Schönes, mit einem Mal freudlos und beschmutzt. Warum verdreht der Schöpfer das Geschehen? Die erschütterte Muse hält den Stift in der Hand, sie ist bereit. Ohne Konflikt wird er irgendetwas schreiben, das Harmonische geht unbemerkt vorbei, ohne Konflikt schreibt er einfach weiter, und am Ende ist Abel nichts weiter als ein vergessener Schafhirte.

SCHREIBTISCH, NEW YORK

WIE DER VERSTAND FUNKTIONIERT

I

AUF DER SUCHE NACH ETWAS ANDEREM fand ich den Trailer eines Films mit dem Titel *Risttuules – In the Crosswind*. Der Film ist Martti Heldes Requiem für Tausende Estländer, die im Frühjahr 1941 von den Truppen Stalins zusammengetrieben wurden und, nachdem man die Familien getrennt hatte, eingezwängt in Viehwaggons eine Massendeportation in sibirische Arbeitslager erdulden mussten. Tod und Exil, ihr Schicksal war umgeschrieben.

Der Filmemacher schuf ein visuelles Gedicht, indem er die Schauspieler dramaturgisch als eine Gruppe unbewegter menschlicher Tableaus in Szene setzt. Die Zeit bleibt stehen und rast doch weiter in Form von Worten aus dieser traurigen Parade. Ein schreckliches Geschenk, wie ich beim Schreiben merke, denn es kostet mich Mühe, diese Worte festzuhalten. Trotzdem spüre ich, dass sich hinter ihnen noch etwas verbirgt. Ich folge einer geistigen Linie und stoße auf einen Tannenwald, einen Teich und ein kleines Schindelhaus. Das war der Anfang dieses »anderen«, nach dem ich gesucht hatte, doch das wusste ich in dem Moment noch nicht.

Eine Winterskizze. Nur eine Straße entfernt. Ein blauer Morgenmantel dient als Vorhang für ein Fenster, durch das niemand mehr blicken wird. Überall ist Blut, das seine Farbe verloren hat; ein Hund bellt, und Sterne fallen aus bleichen Himmeln.

Ein sterbendes Kalb. Im Huf ein Spreißel – Schmierspuren, Löcher. Die Nacht bricht herein und verdunkelt das zuckende Glied des letzten Lebewesens.

Eine Skizze über die Zeit. Zahnräder, kleine Zeiger in Eis erstarrt. Die Vögel sind abgestumpft und fliegen nicht mehr. Der Tanz ist vorbei, und das Antlitz der Liebe ist nichts als der weite Rock und die glänzenden Fersen des Winters.

Beim Erwachen am Morgen sehe ich noch immer die schwarz-weißen Dioramen von *Risttuules* vor mir, das schleppende Tempo der menschlichen Oper, verkörpert in gebückten atmenden Statuen. Die expressive Kraft der Bilder schlägt mich so in Bann, dass ich mich nicht mehr erinnern kann, wonach ich ursprünglich suchte. Ich liege da und lasse die verbannte Menschenkette in Gedanken noch einmal durch das stete Gestöber von weißen Blütenblättern ziehen. Chrysanthemen. Natürlich! Büschelweise ziehen sie verschwommen mit dem elenden Strom des Lebens vorbei. Als ich mir dann die

Filmsequenz vom Abend zuvor noch einmal ansehe, finde ich die Szene nicht. Ob ich sie unbewusst hineinprojiziert hatte? Ich schiebe den Computer beiseite und richte einen Schiedsspruch an die unebene Decke: Wir plündern, wir umarmen, wir sind unwissend. Ich stehe auf, um zu pinkeln, und stelle mir vor, es schneit.

Mit der zarten Stimme von Erna, der Erzählerin in *Risttuules,* noch frisch im Ohr, ziehe ich mich an, schnappe mir mein Notizbuch und eine Ausgabe von Patrick Modianos *Unfall in der Nacht* und gehe ins benachbarte Café. Arbeiter bohren mit Presslufthämmern die Straße auf, die ohrenbetäubenden Vibrationen durchdringen die Wände im Café. Da ich so nicht schreiben kann, lese ich und schlendere durch Modianos labyrinthische Nacht – unsichere Straßen, Bruchstücke von Adressen, bedeutungslos gewordene Wege und Ereignisse, die einen Kreis aus nichts ergeben. Ich bedauere, dass ich nicht schreiben kann, aber das Eintauchen in die belebende Lethargie des Modiano'schen Universums kommt dem Schreiben vermutlich ziemlich nah. Man schlüpft in die Haut des Erzählers mit seinem milden Verfolgungswahn und seiner Fixierung auf feinste Details, und schon verändert sich die Umgebung. Irgendwo mitten im Satz merke ich, dass ich unwillkürlich zum Stift greife.

Am Ende des Buches, das eigentlich kein Ende ist,

weil die Nebel der Zukunft über die letzte Seite hinauswehen, lese ich noch einmal den Anfang und schalte dann rasch auf meinen eigenen Tagesplan um. Ich bin für den letzten Flug nach Paris gebucht. Mein französischer Verleger hat eine Woche mit Lesungen und Vorträgen organisiert, u. a. soll ich vor Journalisten über das Schreiben sprechen. Eine Autorin, die nicht schreibt, redet mit Journalisten über das Schreiben. Du alte Besserwisserin, rüge ich mich. Ich gönne mir noch einen schwarzen Kaffee und eine Schale Blaubeeren. Mir bleibt noch jede Menge Zeit, denn ich reise immer mit leichtem Gepäck.

Wegen der Baustelle muss ich eine Weile warten, bis ich die Straße überqueren kann. Ein gewaltiger Kran hievt Metallstützträger mehrere Stockwerke über das Café, was mich an die Anfangsszene in *La Dolce Vita* erinnert, wo ein Hubschrauber mit einer lebensgroßen Christus-Statue über die urbanen Dächer Roms fliegt.

Ich suche meine üblichen Reiseutensilien zusammen, lege sie auf einen Stapel neben meinen kleinen Koffer und lausche wieder der Off-Stimme des Trailers. In dem melodiösen Tonfall der mir unbekannten Sprache schwingt eine unglaubliche Traurigkeit mit. Während Truppen im Anmarsch sind, hängt eine Mutter Wäsche auf die Leine und schirmt ihre Augen vor der Sonne ab. Ihr Mann trennt die Spreu vom Weizen, ihre Tochter ist vergnügt in ein Spiel vertieft. Fasziniert suche ich noch ein bisschen weiter und finde einen sechs Minuten langen Ausschnitt aus *Risttuules* mit dem Untertitel *The Birch Letter.* Durch ein offenes Fenster erscheinen Bilder von Weiß und Birken, untermalt von geflüsterten Sätzen, dann weitere Bilder von einem Zug, dem Wind und der Leere.

Das Telefon klingelt und bricht den Bann, mein Flug wurde storniert. Ich muss einen früheren nehmen. Ich beeile mich, rufe ein Taxi, stecke meinen Computer in seine Hülle, die Kamera in einen Beutel, der Rest wandert in den Koffer. Das Taxi kommt zu schnell, denn ich habe noch nicht entschieden, welche Bücher ich mitnehme. Die Aussicht, ohne Buch in ein Flugzeug zu steigen, erfüllt mich mit Panik. Das richtige Buch kann so etwas wie ein Mentor sein und die Atmosphäre einer Reise bestimmen oder gar ihren Verlauf. Verzweifelt sehe ich mich um, als suchte ich eine Rettungsleine in einem tiefen Sumpf. In einem kleinen Stapel ungelesener Bücher befinden sich Francine du Plessix Grays Monographie über Simone Weil und Modianos *Pedigree,* mit dem erstaunten Gesicht des Autors auf dem Cover. Ich schnappe mir die beiden Bücher, verabschiede mich von meiner kleinen Abessinierkatze und fahre zum Flughafen.

Zum Glück herrscht am Eingang zum Holland-Tunnel nicht viel Verkehr. Erleichtert überlasse ich mich wieder der Stimme Ernas und stelle mir vor, eine Geschichte zu schreiben, deren Atmosphäre vom Nachhall einer besonderen menschlichen Stimme lebt. Ihrer Stimme. Ohne Handlung im Kopf folge ich nur ihren Tönen, ihrem Timbre und komponiere Sätze wie Musik, transparente Schichten, die ich über ihre lege.

Und das Antlitz der Liebe ist nichts als das Weiß des Winters auf den Ästen und Zweigen von Bäumen, die durch Löcher im farblosen Himmel fallen.

Ich eile durch das Terminal und erreiche mühelos meinen Flug, aber ich bin etwas entmutigt. So früh kann ich mit Sicherheit nicht einschlafen, und mein Hotelzimmer in Paris wird erst einige Stunden nach meiner Ankunft bezugsfertig sein. Trotzdem mache ich es mir gemütlich, trinke Mineralwasser und lasse mich hineinziehen in das Buch eines Lebens, ein Bruchstück von Simone Weil. Die hastig ausgewählte Lektüre sollte sich als äußerst brauchbar erweisen und die Hauptfigur als bewundernswertes Vorbild für eine Vielzahl von Perspektiven. Brillant und privilegiert durchschritt sie die Hallen der höheren Bildung und gab alles auf, um den schwierigen Weg der Revolution, der Offenbarung, des sozialen Engagements und der Opferbereitschaft zu wählen. Bisher hatte ich mir nicht die Zeit genommen, sie näher kennenzulernen, doch das würde sich bestimmt ändern. Ich schließe die Augen, sehe vor mir die Spitze eines Gletschers und gleite in eine vertraute heiße Quelle, umgeben von Wänden aus undurchdringlichem Eis.

ÉGLISE DE SAINT-GERMAIN-DES-PRÉS

2

IN PARIS-ORLY PASSIERE ICH DEN ZOLL und verlasse müde das Terminal. Mein Freund Alain holt mich ab. Ich checke in mein Hotel ein, das in Saint-Germain-des-Prés an einer schmalen Straße nur wenige Schritte von der Kirche entfernt liegt. Während mein Zimmer zurechtgemacht wird, gehen wir ins Café de Flore, essen Baguette und trinken Kaffee.

Wir verabschieden uns, und ich gehe in den Park neben der Kirche, an dessen Eingang Picassos Büste von Apollinaire steht. Ich setze mich auf dieselbe Bank, auf der ich im Frühjahr 1969 mit meiner Schwester saß. Wir waren Anfang zwanzig, eine Zeit, in der für uns alles, selbst der sentimentale Kopf des Dichters, eine Offenbarung war. Wissbegierige Schwestern mit einer Handvoll wertvoller Adressen von Cafés und Hotels. Das Deux Magots der Existenzialisten. Das Hôtel des Etrangers, wo Rimbaud und Verlaine den Vorsitz über den Kreis der Zutisten führten. Das Hôtel de Lauzun mit seinen Schimären und vergoldeten Hallen, wo Baudelaire Haschisch rauchte und die ersten Gedichte der *Fleurs du mal* schrieb. Mit glühender Phantasie standen wir vor diesen Orten, die für uns gleichbedeutend mit diesen Dichtern waren. Wir wollten dort sein, wo sie geschrieben, gestritten und geschlafen hatten.

Plötzlich ist es kühl. Ich sehe Brotkrumen, unermüdliche Tauben, die verträumten Küsse eines jungen Pärchens und einen Obdachlosen mit Mantel und langem Bart, der auf ein Almosen hofft. Unsere Blicke begegnen sich, ich stehe auf und gehe auf ihn zu. Seine Augen sind grau, irgendwie erinnert er mich an meinen Vater. Ein silbriges Licht scheint sich über Paris auszubreiten. Die schöne Szenerie löst eine ungewollte Wehmut in mir aus. Es beginnt zu nieseln. Körnige Filmschnipsel wirbeln vor mir auf. Das Paris von Jean Seberg, die in einem gestreiften T-Shirt mit U-Boot-Ausschnitt die *Herald Tribune* anpreist. Das Paris von Eric Rohmer, der in der Rue de la Huchette im Regen steht.

Später im Hotel versuche ich wach zu bleiben und schlage wahllos die Weil-Biographie auf, nicke kurz ein, lese dann bei einem anderen Kapitel weiter, und währenddessen wird Simone Weil irgendwie lebendig. Aus der dritten Dimension tritt sie energisch ins Bild. Ich sehe den Saum ihres langen Mantels und ihr dickes, dunkles Haar, streng gestutzt wie das von Frankensteins genialer, unabhängiger Braut.

Und noch ein Bild von Simone saust an mir vorbei, eine Karikatur, die den von René Daumal dargestellten Reisenden zum *Berg Analog* ähnelt. Herzförmiges

Gesicht, die Spitzen des kurz geschnittenen Bobs nach vorn zeigend, die dunklen, durchdringenden Augen hinter einer runden Nickelbrille. Sie kannten sich, er hatte ihr Sanskrit beigebracht. Ich stelle mir vor, wie das schwindsüchtige Paar über uralten Texten brütet, ihre Köpfe berühren sich kaum, und ihre geschwächten Körper dürsten nach Milch.

Die Hand der Schwerkraft zieht mich nach unten. Ich schalte den Fernseher ein, zappe durch die Kanäle und bleibe bei den letzten Minuten einer Dokumentation über die Aufführung von Racines *Phädra* hängen, dann sinke ich in einen tiefen Schlaf. Ein paar Stunden später öffne ich plötzlich die Augen. Auf dem Bildschirm ein Mädchen auf dem Eis. Irgendeine Eiskunstlaufmeisterschaft. Eine stämmige Blondine beendet erfolgreich ihr Programm. Das Mädchen nach ihr ist bezaubernd, stürzt aber schlimm und findet nicht mehr in ihre Kür zurück. Ich erinnere mich, dass ich solche Wettbewerbe mit meinem Vater sah, ich saß zu seinen Füßen, während er mein zerzaustes Haar bürstete. Er bewunderte die sportlichen Läuferinnen, ich hingegen die graziösen, die in meinen Augen klassisches Ballett einbanden.

Die letzte Läuferin wird angekündigt, eine sechzehnjährige Russin, die Jüngste im Wettbewerb. Trotz meines halb wachen Zustands hat sie meine volle Aufmerksamkeit. Ein junges Mädchen betritt das Eis, als gäbe es sonst nichts auf der Welt. Ihre unbeirrbare Zielstrebigkeit, die Mischung aus unschuldiger Arroganz, unbeholfener Anmut und Kühnheit ist atemberaubend. Ihr Triumph über die Konkurrenz rührt mich zu Tränen.

Während ich schlafe, nimmt der Genius Verknüpfungen vor und erschafft Neues. Simones entschlossenes herzförmiges Gesicht verschmilzt mit dem Gesicht der jungen russischen Eiskunstläuferin. Dunkles, gestutztes Haar und dunkle Augen, die noch dunklere Himmel durchdringen. Ich erklimme die Wand eines aus Eis geformten Vulkans, gewärmt vom Brunnen der Liebe, dem weiblichen Herz.

Ich wache früh auf, gehe rüber ins Café de Flore und bestelle schwarzen Kaffee und einen Teller Eier mit Schinken. Die perfekt runden Eier sitzen auf einer perfekt runden Schinkenscheibe. Ich staune, wie ein Teller mit Eiern oder die Mitte einer Eisbahn den Genius offenbaren kann. Alain holt mich ab, und wir gehen in die Rue Gaston-Gallimard 5, dem Sitz des Verlags seit 1929. Mein Lektor Aurélien öffnet die Tür zu Albert Camus' ehemaligem Büro. Vom einzigen Fenster blickt man hinab auf den Garten. Ausgestellt in einer Vitrine sind Bücher von Simone Weil, unter seiner Ägide nach ihrem Tod veröffentlicht. *Brief an einen Ordensmann*, *Übernatürliche Erkenntnis* und *Die Einwurzelung*.

Mr. Gallimard empfängt mich in seinem Büro. Auf dem Kaminsims steht die Uhr, die Saint-Exupéry seinem Großvater schenkte. Wir steigen abgetretene Marmorstufen hinunter, gehen durch den blauen Salon und treten in den Garten, wo Yukio Mishima auf einem weißen Rattanstuhl fotografiert wurde. Einen Augenblick lang stehen wir schweigend da und bewundern die schlichte Geometrie des Gartens.

Der Anblick ruft andere Gärten in Erinnerung, 3-D-Karten, gezeichnet von der Zeit. Der jahrhundertealte Botanische Garten in Pisa mit seiner vergessenen Humboldt-Statue und den hohen Honigpalmen. Der Garten der Heilkräuter in Florenz, wo das Bewusstsein sich abwechselnd erweitert und Ruhe findet. Ich denke an Josef Knecht, der, allein im bescheidenen Garten der Gelehrten, seine Zukunft als Magister Ludi bedenkt. Den Garten in Schillers Sommerhaus in Jena, wo Goethe angeblich einen Gingko pflanzte.

– Ich kannte Genet, sagt Mr. Gallimard leise und mit abgewandtem Blick, um nicht unbescheiden zu wirken.

In der hohen Mauer zu meiner Rechten entdecke ich mehrere eingemeißelte Spiralen, die mich anlocken. Sie ähneln der Spirale, die Brancusi für die kleine Black-Sun-Press-Ausgabe von James Joyce' *Geschichten von Shem und Shaun* schuf. Ich lasse mir Zeit und freue mich, bei den Geistern von Schriftstellern zu sein, die wie ich in diesen Gefilden weilten. Camus, der an der

GALLIMARD, GARTEN

Wand lehnend Zigaretten raucht. Nabokov, der über die gewölbte Schale der Meeresschnecke nachdenkt.

In dieser Nacht träumte ich, ich könnte schwimmen. Das Meer war kalt, aber ich hatte einen Mantel an. Ich wachte zitternd auf, weil ich vor dem Schlafengehen das Fenster geöffnet hatte, um die Kirche zu betrachten. Vom Fenster aus konnte ich die Kirche und mit ihr eine lange Zeitspanne meines Lebens sehen. Das erste Mal hatte ich sie mit meiner Schwester am Ende des Frühjahrs 1969 besucht. Etwas schüchtern waren wir hineingegangen und hatten Kerzen für unsere Familie angezündet.

Ich stehe auf und schließe das Fenster. Es regnet, ein stiller, gleichmäßiger Regen. Plötzlich kommen mir die Tränen.

– Warum weinst du?, fragt eine Stimme.

– Keine Ahnung, antworte ich. Vielleicht weil ich glücklich bin.

❧

Paris ist eine Stadt, die man ohne Karte lesen kann. Ich gehe die schmale Rue du Dragon (früher: Rue du Sépulcre) entlang, an der einst ein imposanter Steindrache stand. Bei Nr. 30 erinnert ein Schild an Victor Hugo. Rue de l'Abbaye. Rue Christine. Rue des Grands Augustins Nr. 7, wo Picasso *Guernica* malte. Diese Straßen sind ein Gedicht, das erst noch schlüpfen muss – plötzlich ist Ostern, überall sind Eier.

Ich streife ziellos umher und lande im Quartier Latin, gehe zum Boulevard Saint-Michel und suche die Nummer 37, wo Simone aufwuchs und die Weil-Familie jahrzehntelang lebte. Patrick Modiano taucht kurz vor mir auf, wie er auf der Suche nach einer bestimmten Treppe die ganze Stadt durchkämmt. Ich denke an Albert Camus, der, kurz bevor er den Nobelpreis erhält, ebenfalls zum Weil-Haus pilgert, allerdings aus ernsteren Gründen – nicht aus bloßer Neugier, sondern um seine Gedanken zu erforschen.

Die Routine holt mich ein. Um sieben aufstehen. Um acht Café de Flore. Lesen bis zehn. Zu Fuß zu Gallimard. Journalisten. Bücher signieren. Mittagessen mit dem Gallimard-Team – Aurélien, Cristelle, Entenconfit und Bohnen, lokale Kost. Tee im blauen Salon, dahinter der Garten, Interviews. Eine Journalistin überreicht mir ein Buch über Simone Weil, übersetzt ins Englische. Haben Sie schon von ihr gehört?, fragt sie. Später schenkt mir ein Journalist namens Bruno ein Bild von Gérard Nerval, das ich auf meinen Nachttisch stelle. Es ist das gleiche melancholische Portrait, das über meinem Schreibtisch hing, als ich in den Zwanzigern war.

Am Abend treffe ich Alain zu einem leichten Essen, bei dem wir unsere Reise nach Südfrankreich am nächsten Morgen durchgehen. In Sète, einem alten Badeort am Mittelmeer und Geburtsort von Paul Valéry, ist eine Buchpräsentation geplant. Beglückt von der Aussicht, einen neuen Ort kennenzulernen und salzige Luft zu atmen, kehre ich in mein Zimmer zurück, packe meine wenigen Sachen und versuche mich mit Hilfe meines Mantras in den Schlaf zu wiegen: *Simone und Patrick. Patrick und Simone.* Er beschwört bange Gelassenheit herauf. Sie erfüllt mich mit gefährlich vertrautem Adrenalin.

Ich wache früher auf als gewöhnlich, gehe ins Flore, das gerade öffnet, bestelle ein Baguette mit Feigenmarmelade und schwarzen Kaffee. Das Brot ist noch warm. Auf dem Weg zum Zug überprüfe ich den Inhalt meiner Tasche: Notizbuch, Simone, Unterwäsche, Socken, Zahnbürste, ein gefaltetes Hemd, Kamera, mein Stift und Sonnenbrille. Alles, was ich brauche. Eigentlich möchte ich schreiben, doch ich starre verschlafen aus dem Zugfenster auf die sich wandelnde Landschaft: Die mit Graffiti besprühten Wände der Pariser Vororte weichen offenem Gelände, sandigem Boden, staubigen Kiefern und schließlich dem wogenden Meer.

In Sète essen wir Meeresfrüchte in einem Café mit Blick auf den Hafen. Anschließend gehen Alain und ich einen Hügel hoch zum Friedhof und suchen das Grab von Paul Valéry. Wir finden es und machen ihm unsere Aufwartung, aber mich lockt auch das Grab eines jungen Mädchens namens Fanny, einer Pferdeliebhaberin. Freunde und Familie haben Pferde auf ihren Grabstein

BESTECK, CAFÉ DE FLORE

gestellt und so einen kleinen Stall gebildet, unberührt von Wetter und Vandalen. Auf einem anderen, noch älteren Grabstein steht am Rand eingemeißelt das Wort DEVOUEMENT. Ich frage Alain, was das bedeutet.

– Hingabe, antwortet er lächelnd.

Bevor ich mich am nächsten Morgen mit Alain und Aurélien am Bahnhof treffe, mache ich noch einen Spaziergang und entdecke einen Park, über dem eine imposante Neptun-Statue thront. Über unebene Steinstufen erklimme ich einen Hügel, der den Blick auf einen, wie es scheint, botanischen Garten mit gedrungenen Palmen und vielen verschiedenen Bäumen freigibt. Beim Umherstreifen überkommt mich ein unerwartetes, aber vertrautes Schwindelgefühl, eine Zuspitzung des Abstrakten, eine Brechung der geistigen Luft.

Ein pausenloser Strom von Bildern zieht über den blassgrünen Himmel. Ich suche Zuflucht auf einer schattigen Bank, verlangsame meinen Atem, hole Stift und Notizblock aus meinem Beutel und fange spontan an zu schreiben. Eine weiße Libelle, aus einer Musikbox gepflückt. Ein Fabergé-Ei, das eine kleine Guillotine umhüllt. Ein Paar Schlittschuhe, die sich in der Luft drehen. Ich schreibe über Bäume, eine Serie von Achterfiguren, die magnetische Anziehungskraft der Liebe. Unsicher, wie viel Zeit verstrichen ist, höre ich auf zu schreiben, eile am gekrümmten Rücken Neptuns vorbei die Steinstufen hinunter und hetze zum nahe gelegenen Bahnhof. Alain sieht mich komisch an. Aurélien fragt mich, ob ich ein paar Fotos gemacht habe. Nur eins, sage ich, ein Bild von einem Wort.

Im Zug schreibe ich fieberhaft weiter, wie wiederbelebt von einem Meer aus Erinnerungen. Alain blickt von seinem Buch auf und schaut aus dem Fenster. Die Zeit zieht sich zusammen. Plötzlich nähern wir uns Paris. Aurélien schläft. Mir geht durch den Sinn, dass die Jungen im Schlaf schön, Alte wie ich hingegen tot aussehen.

PATTI

3

DAS WETTER IST ERFREULICH SCHÖN, eine angenehme Leichtigkeit, der ich mich gern überlasse. Ich gehe in die Kirche Saint-Germain, in der Knaben singen. Vielleicht zur Kommunion. Eine feierliche Stimmung schwingt in der Luft, und ich verspüre den altbekannten Wunsch, den Leib Christi zu empfangen, entscheide mich aber dagegen. Stattdessen zünde ich eine Kerze an für meine Lieben und für die Eltern, die im Bataclan Kinder verloren haben. Die Kerzen flackern vor dem heiligen Antonius, der einen Säugling im Arm hält, beide bedeckt mit jahrzehntealten zarten Graffiti; die eingravierten Bitten der Lebenden lassen sie fast lebendig wirken.

Ich gehe noch einmal die Rue de Seine hoch, oder runter? Keine Ahnung, ich gehe einfach. Ein merkwürdiges Gefühl von Vertrautheit nagt ständig an mir. Die Erinnerung an ein lange zurückliegendes Ereignis. Ja. Denselben Weg bin ich mit meiner Schwester gegangen. Ich bleibe stehen und betrachte die schmale Rue Visconti. Als ich sie das erste Mal sah, war ich so begeistert, dass ich sie entlangrannte und dabei Luftsprünge machte. Meine Schwester fotografierte mich,

VOLTAIRE, SQUARE HONORÉ-CHAMPION

und auf dem Bild bin ich für alle Ewigkeit glücklich in der Luft erstarrt. Es erscheint mir wie ein kleines Wunder, mich mit so viel Adrenalin und Willenskraft vor mir zu sehen.

Oben am Square Honoré-Champion trifft mich ein weiterer Erkennensblitz. Im Hintergrund eines recht langweiligen Gartens steht eine Statue von Voltaire, das erste Motiv, das ich damals in Paris fotografierte. Erstaunlicherweise ist der kleine Garten so unberührt und uninteressant wie vor einem halben Jahrhundert, nur Voltaire hat sich sehr verändert und scheint mich heute auszulachen. Seine einst gütigen Gesichtszüge sind von der Zeit gezeichnet, und es wirkt irgendwie komisch und makaber, wie er langsam verwitternd stoisch über sein unverändertes Reich gebietet.

Ich erinnere mich, dass ich Voltaires Mütze in der Glasvitrine irgendeines Museums sah. Eine sehr bescheidene fleischfarbene Spitzenmütze. Ich wollte sie unbedingt haben, weil sie eine seltsame Faszination in mir auslöste, die mit der abergläubischen Vorstellung einherging, der Träger der Mütze hätte Zugang zu Voltaires nachgelassenen Träumen. Alle auf Französisch natürlich und aus seiner Zeit, und im selben Moment fiel mir ein, dass Träumer seit jeher von Ereignissen und Menschen ihrer eigenen Epoche träumten. Die alten Griechen träumten von ihren Göttern. Emily Brontë von den Mooren. Und Christus? Vielleicht träumte er nicht, kannte aber alles Träumbare in sämtlichen Kombinationen bis zum Ende der Zeit.

Nachdem ich meine Verpflichtungen bei Gallimard erfüllt habe, steige ich in den Eurostar nach London. Im Zug schreibe ich einige Passagen der Geschichte um, die ich in dem ruhigen Park in Sète begonnen und im Schnellzug nach Paris fortgesetzt hatte. Anfangs hatte ich mich gefragt, was mich zum Schreiben einer so düsteren, traurigen Geschichte bewog. Ich wollte sie nicht wie ein Chirurg sezieren, doch beim nochmaligen Lesen fiel mir auf, wie viele flüchtige Bilder und Ereignisse sie enthielt. Selbst die belanglosesten Bezüge stachen mir ins Auge. Zum Beispiel fand ein Teller mit perfekten Spiegeleiern seinen Widerhall in einem runden Teich. Bestimmte Eigenschaften von Simone hatte ich auf meine junge Heldin Eugenia übertragen: ihre geistige Flexibilität, den merkwürdigen Gang, die unschuldige Arroganz. Andere Eigenschaften hingegen kehrte ich um. Simone schauderte, wenn man sie berührte, während Eugenia sich ungeniert danach sehnte.

In St. Pancras International stieg ich in einen Zug nach Ashford um, die letzte Strecke meiner Reise zum Grab von Simone Weil. Wir fuhren an Reihenhäusern vorbei, einer leblosen Landschaft. Das Datum auf meiner Fahrkarte war der 15. Juni, der Geburtstag meines verstorbenen Bruders Todd. Sein einziges Kind war eine Tochter namens Simone. Meine Laune besserte sich sofort. Heute konnte sich nur Gutes ereignen.

Nach meiner Ankunft suchte ich einen Kaffeestand und dann ein Taxi. Der Himmel verdunkelte sich, und in der Luft lag eine strenge Kühle. Ich holte meine Kamera und meine Strickmütze aus dem Koffer. Die Taxifahrt bis zum Eingang des Bybrook Cemetery dauerte ungefähr fünfzehn Minuten. Eigentlich hatte ich mit einer kleinen Steinremise gerechnet, oder dass jemand Lagepläne verteilen würde, doch da war niemand. Nur ein Gärtner jätete Unkraut in einem leichten, gleichmäßigen Regenschleier.

Der Friedhof war weitläufiger als erwartet, und ich hatte keine Ahnung, wo Simone liegen könnte. Etwas entmutigt schritt ich die Wege auf und ab. Das Licht war trüb. Es war erst Mittag, mutete aber eher wie Sonnenuntergang an. Ich machte ein paar Fotos. Ein halb verdecktes Kreuz. Ein von Efeu überwuchertes Grab. Fast eine Stunde verstrich. Es regnete weiter. Ich dachte schon, mein Unterfangen sei unmöglich, als mir plötzlich einfiel, dass sie im katholischen Bereich begraben war. Ich entdeckte eine Ecke mit vielen Marienbildnissen und zahlreichen Kreuzen, aber keine Spur von Simone. Ich suchte in einem Winkel, in dem es von Statuen wimmelte. Der Himmel wurde noch dunkler. Etwas zermürbt setzte ich mich auf eine Bank. Ob Simone meine Pilgerreise gutheißen würde? Vermutlich nicht. Aber ich hatte Lavendel aus Sète in einem alten Taschentuch, den ich ihr dalassen wollte, Kleinigkeiten aus Frankreich, und weil ich wusste, wie sehr sie ihre Heimat geliebt hatte und immer zurückkehren wollte, suchte ich weiter.

Ich sah zu den drohenden Wolken hoch.

Ich flehte meinen Bruder an.

– Todd, kannst du mir nicht helfen? Ich bin allein an deinem Geburtstag und suche eine Frau, die Simone heißt.

Ich spürte, wie seine Hand mich führte. Rechts von mir lag ein waldiges Areal, zu dem es mich hinzog. Plötzlich blieb ich stehen. Ich roch die Erde. Ich hörte Lerchen und Spatzen, sah einen kleinen Lichtstrahl aufblitzen und verschwinden. Dann drehte ich den Kopf und sah ihren Grabstein in seiner ganzen bescheidenen Anmut. Ich öffnete den Balgen meiner Kamera, justierte die Linse und machte ein paar Fotos. Als ich niederkniete, um das kleine Bündel unter ihren Namen zu legen, formten sich Worte und sprudelten wie ein Kinderlied hervor. Ich fühlte mich vollkommen im Reinen mit mir. Der Regen löste sich auf. Meine Schuhe waren voller Schlamm. Es fehlte Licht, doch an seiner Stelle war Liebe.

4

DAS SCHICKSAL HAT EINE HAND, aber nicht alles im Griff. Ich suchte etwas und fand etwas anderes, den Trailer eines Films. Berührt von einer klangvollen, fremden Stimme, ergossen sich die Worte. Ich begab mich auf eine Reise, angelockt von einer glänzenden Jukebox, die eine ganze Sinfonie von Bezugspunkten heraufbeschwor. Ich betrat eine Welt, die gar nicht meine war, und ging auf den abstrakten Straßen Patrick Modianos. Ich las ein Buch, das mich in den mystischen Aktivismus Simone Weils einführte. Ich sah eine Eiskunstläuferin und war völlig verzaubert.

Im Zug von Paris nach Sète begann ich ein Stück mit dem Titel *Devotion* zu schreiben. Am Anfang sollte es ein zugespitzter Dialog zwischen zwei grundverschiedenen Stimmen werden – einem welterfahrenen, vernünftigen Mann und einem frühreifen, intuitiven jungen Mädchen. Ich wollte wissen, wohin die beiden sich führen würden, während sie in einem opulenten, verborgenen Reich ein Bündnis schlossen. Ich hatte außerdem ein Reisetagebuch mit Gedichtfragmenten, Notizen und Beobachtungen, das ich locker und nur um des Schreibens willen geführt hatte. Im Rückblick auf diese Fragmente kommt mir der Gedanke, dass ich, wenn *Devotion* ein Verbrechen darstellt, durch meine Notizen unwissentlich Beweise gesammelt hatte.

Die Alchimie, aus der ein Gedicht oder eine erfundene Geschichte entsteht, liegt meist im Werk selbst verborgen, wenn nicht in den verschlungenen Windungen des Gehirns. Doch in diesem Fall konnte ich eine Fülle von Motiven zurückverfolgen, einen Tannenwald, Simone Weils Haarschnitt, weiße Schnürsenkel, ein Säckchen mit Schrauben, Camus' existenzielle Waffe.

Ich kann untersuchen, wie, aber nicht warum ich schrieb, was ich schrieb, oder warum ich von meinem ursprünglichen Weg so weit abgewichen war. Kann man, wenn man einen Kriminellen verfolgt und am Ende erfolgreich festnimmt, sein kriminelles Denken wirklich verstehen? Lassen sich das Wie und das Warum überhaupt voneinander trennen? Eine kurze Selbstbefragung zwang mich zu dem Eingeständnis, dass mich nach dem Schreiben der Geschichte eine seltsame Wehmut befiel. Ich fragte mich, ob ich um meine Figuren trauerte, denn ich hatte sie ja schließlich geboren. Ich überlegte außerdem, ob es vielleicht an meinem Alter lag, denn als ich jung war, schrieb ich über jedes Thema mit hemmungsloser Hingabe und ohne die leisesten moralischen Bedenken. Ich ließ *Devotion* für sich stehen. Du hast es geschrieben, sagte ich mir, du kannst nicht wie Pilatus deine Hände in Unschuld waschen. Solche Fragen waren für mich eher philosophischer, wenn nicht sogar psychologischer Art. Vielleicht ist *Devotion* nur eine Geschichte, ungetrübt von jeder Weltanschauung. Oder vielleicht eine Metapher, entstanden aus der nicht zurückverfolgbaren Luft. Das ist meine Schlussfolgerung, aber sie tut nichts zur Sache.

Zurück in New York, fiel es mir schwer, mich wieder einzugewöhnen. Ich litt unter Sehnsuchtsschüben und wollte dort sein, wo ich gewesen war. Morgens im Café de Flore Kaffee trinken, nachmittags im Garten von Gallimard; produktive Phasen in einem fahrenden Zug. Ich lebte noch in der Pariser Zeit, schlief am späten Nachmittag ein und erwachte plötzlich in der langen, stillen Nacht. In einer solchen Nacht sah ich mir *Der geheime Garten* an. Ein behinderter Junge lernt durch den eisernen Willen eines lebhaften jungen Mädchens wieder zu gehen. Früher stellte ich mir vor, solche Geschichten zu schreiben. *Sara, die kleine Prinzessin* zum Beispiel oder *The Little Lame Prince*. Verwaiste Kinder, die einen dunklen Weg gehen, an dessen Ende helles Licht schimmert. Nicht die Art von Geschichte, wie ich sie dann atemlos in einem Pariser Zug schrieb.

Stille. Vorbeifahrende Autos. Das Grummeln der U-Bahn. Vögel, die den Morgen herbeirufen. Ich will nach Hause, wimmerte ich. Aber da war ich ja schon.

BYBROOK CEMETERY,
ASHFORD, KENT

ASHFORD

Erdentief deine kleinen Knochen
deine kleinen Hände kleinen Füße
in rastloser Ruhe löst du Knoten
rufst nach Kartoffelsuppe und Brot
ein harsches Licht traf die Herzklappe
Milch des Lamms troff aus der Seite
und widriger Nebel wuchs bodennah
du warst ganz Schneewittchen
und ich der siebente Zwerg
bereit dir zu dienen
es gab genug Hostien
für jede lebende Seele
die ihre Zunge darbot
es gab keine Schreie mehr
und kein fastendes Herz
Nur Reste einer Schwindsucht
gewickelt in die Seide des Seins

HINGABE

I

ZUM ERSTEN MAL SAH ER SIE auf der Straße. Sie war klein, hatte einen Porzellanteint und dickes dunkles Haar mit einem strengen Pony. Ihr Mantel schien zu dünn für den Winter und der Saum ihrer Schuluniform ungerade. Als sie vorbeiging, spürte er einen scharfen Verstand. Eine kleine Simone Weil, erinnerte er sich noch, gedacht zu haben.

Ein paar Tage später sah er sie wieder. Sie entfernte sich von den anderen Schülern, die in ihre Klassen eilten. Er blieb stehen, drehte sich um und überlegte, was sie wohl in die entgegengesetzte Richtung trieb. Vielleicht fühlte sie sich krank und wollte nach Hause gehen, aber ihre entschiedene Haltung legte einen anderen Grund nahe. Wahrscheinlich ein verbotenes Rendezvous, ein feuriger junger Mann. Sie stieg in die Straßenbahn. Er wusste nicht, warum er ihr folgte.

In Gedanken vertieft, erreichte sie ihr Ziel, ohne ihn zu bemerken. Er blieb mehrere Schritte zurück, während sie sich dem angrenzenden Wald näherte. Unwissentlich führte sie ihn einen steinigen Pfad entlang zu einem dichten Gehölz, hinter dem ein großer, wunderbar runder und gänzlich zugefrorener Teich lag. In den Lichtschneisen zwischen den dichtstehenden Kiefern sah er, wie sie den Schnee von einem flachen Felsblock wischte, sich auf ihn setzte und den glitzernden Teich betrachtete. Hin und wieder brach die Sonne durch die Wolkendecke und tauchte den Schauplatz in surreales Licht. Plötzlich drehte sie sich in seine Richtung, sah ihn aber nicht. Sie holte ein Paar abgewetzte Schlittschuhe aus ihrem Beutel, stopfte zerknülltes Papier in die Spitzen und wischte die Kufen sorgfältig ab.

Das Eis auf dem Teich war uneben, und ihre Schlittschuhe passten schlecht. Vielleicht trug ihr Bemühen, diese Hemmnisse auszugleichen, zu ihrem waghalsigen Laufstil bei. Nachdem sie mehrere Runden gedreht hatte, fuhr sie schneller und stieß sich aus einer scheinbar wackligen Position mühelos in die klare Luft. Ihre Sprünge erreichten eine erstaunliche Höhe; ihre Landungen waren leicht versetzt, aber akkurat. Sie vollführte eine Pirouettenkombination und drehte sich dabei wie ein verrückter Kreisel. Noch nie hatte er Athletik und künstlerisches Geschick so bewegend in Einklang gesehen.

Eine feuchte Kühle lag in der Luft. Der dunkel werdende Himmel tauchte den Teich in blaues Licht. Sie riss die Augen auf und sah verschwommen die Konturen der Kiefern, den blauschwarzen Himmel. Für diese Bäume und für diesen Himmel lief sie Schlittschuh. Ihm war klar, dass er sich hätte abwenden sollen, doch er kannte sich und wusste um den inneren Schauder, den schöne Anblicke in ihm auslösten: ein Gefäß etwa, eingehüllt in jahrhundertealte Lumpen, das er auswickelte, in Besitz nahm und an seine Lippen führte. Er ging, bevor es anfing zu schneien, und sah noch, wie sie mit erhobenem Arm und geneigtem Kopf auf dem Eis wirbelte.

Der Wind frischte auf, und sie verließ widerstrebend den Teich. Während sie ihre Schnürsenkel löste, dachte sie beschwingt über ihren Tag nach. Sie war früh aufgestanden, und weil die Einstufungstests bereits hinter ihr lagen, hatte sie in der Schulkapelle nur kurz gebetet, ihre Tasche aus dem Schließfach geholt und war ohne große Gewissenbisse gegangen. Obwohl sie eine Spitzenschülerin war, die für ihr Alter ungewöhnliche Leistungen zeigte, interessierte sie die Schule herzlich wenig. Schon mit zwölf hatte sie Latein beherrscht, problemlos komplizierte Gleichungen gelöst und noch die zweideutigsten Denkmodelle locker auseinandergenommen und überprüft. Ihr reger Verstand gab sich mit nichts zufrieden. Sie hatte nicht die Absicht, zu studieren, weder jetzt noch später; sie war fast sechzehn und wollte nicht mehr lernen. Ihr einziger Wunsch war, Erstaunen hervorzurufen, alles andere verblasste, wenn sie das Eis betrat und seine Oberfläche durch die Kufen bis in ihre Waden spürte.

Es war ein dunstiger Morgen, der bald aufklaren und sich perfekt zum Schlittschuhlaufen eignen würde. Sie kochte Kaffee, buk etwas Brot in einer Pfanne auf und rief nach ihrer Tante Irina, weil sie vergessen hatte, dass sie inzwischen auf sich allein gestellt war. Auf dem Weg zum Teich sah sie Brombeersträucher, an denen trotz der Kälte noch Beeren hingen, doch sie pflückte keine. Nebelschwaden stiegen vom Boden auf. Das silbrige Licht verlieh dem Teich einen hellen Glanz, als hätten ihn großzügige Hände poliert. Sie machte das Kreuzzeichen und trat, glücklich in ihrer Einsamkeit, auf das Eis. Aber sie war nicht allein.

Eine unbändige Neugier und die Gewissheit, sie dort zu finden, trieb ihn zum Teich zurück. Unentdeckt beobachtete er, wie sie einzigartige und komplizierte Kombinationen hinlegte, gefährlich und herrlich spontan. Ihre Verzückung erregte ihn; Gott hatte einem Kunstwerk Atem eingehaucht. Mit gewölbtem Körper vollführte sie abenteuerliche Pirouetten und schüttelte ein bisschen Glitzerstaub von dem Stern ab, der sie unweigerlich einmal werden würde. Er ging früh, aber nicht früh genug.

Sie wusste nicht, wann genau sie seine Anwesenheit bemerkt hatte. Anfangs war es nur ein Gefühl, dann erkannte sie eines Morgens seine Gestalt und die Farbe seines Mantels und Schals zwischen den Bäumen. Da sie nichts Böses unterstellte, ließ sie sich durch seine Nähe beflügeln und lief einfach weiter. Niemand, auch nicht ihre Tante, hatte sie seit ihrem elften Lebensjahr Schlittschuh laufen sehen. In den folgenden Tagen spielten sie zurückhaltend und miteinander verbunden zugleich ihre jeweilige Rolle.

Nachdem sie sich von der lästigen Schule befreit hatte und Irina fort war, gingen ihre Tage nahtlos ineinander über. Sie hatte wenig Zeitgefühl und richtete sich nach den wechselnden Lichtverhältnissen. Sie schlief länger als gewöhnlich, meistens war es schon hell. Dann erledigte sie rasch die morgendlichen Rituale, schnappte sich ihre Schlittschuhe und ging in Richtung Wald. Als sie sich dem Teich näherte, entdeckte sie an den freiliegenden Wurzeln eines alten Ahorns die Ecke einer großen weißen Schachtel. Ihr war klar, dass die Schachtel für sie bestimmt war, von ihm. Sie ließ ihre Schlittschuhe fallen, entfernte ein paar schwere Steine, die auf dem Deckel lagen und nahm ihn ab. Eingeschlagen in helles Seidenpapier war ein malvenfarbener Mantel, ein teures, wenn auch etwas altmodisches Kleidungsstück, schön geschnitten und mit samtweichem Pelz gefüttert. Er passte wie angegossen, und weil der untere Teil abnehmbar war, konnte sie damit ungehindert laufen. Mit zitternden Händen untersuchte sie jedes Detail, bestaunte die sorgfältig ausgeführten Nähte, das federleichte Pelzfutter und die merkwürdige Farbe, die sich im wechselnden Licht zu verändern schien.

Sie schlüpfte in den Mantel und war überrascht, wie herrlich er trotz seiner Leichtigkeit wärmte. Zum Zeichen ihrer Dankbarkeit blickte sie schüchtern zu seinem gewohnten Versteck, doch er war nirgends zu sehen. Wie benommen drehte sie sich um und spürte das traurige Hochgefühl einsamer Freude.

Das unerwartete Geschenk weckte vage Hoffnungen auf eine vielversprechende menschliche Verbindung. Sie freute sich darüber, fürchtete aber auch, eine solche Verbindung könnte ihre eigentliche Bestimmung verdrängen. Sie redete sich ein, dass sie nur für das Schlittschuhlaufen lebte; für etwas anderes hatte sie keine Zeit. Weder für die Liebe noch die Schule oder das Wühlen in der Vergangenheit. Während ihr diese verwirrenden Gedanken durch den Kopf gingen, riss der Schnürsenkel in ihrer Hand. Sie knotete ihn rasch zusammen, nahm den Rock von ihrem neuen Mantel ab und trat aufs Eis.

– Ich bin Eugenia, sagte sie, an niemanden gerichtet.

2

KALTER REGEN GLITT AN DEN FENSTERN ihres kleinen Häuschens hinunter und gefror dann zu seltsamen Mustern. Heute Morgen würde sie nicht laufen können. Eugenia saß am Küchentisch und öffnete ihr Tagebuch. Die ersten Seiten enthielten Variationen auf dasselbe Thema, eine Art Gedicht, ihre locker gewobenen *Sibirischen Blumen,* verfasst auf Estländisch, der Sprache ihrer Eltern, die sie sich selbst beigebracht hatte. Sie blätterte zu den hinteren Seiten, die hauptsächlich für ihre Englischübungen dienten. Gedanken über Eiskunstlauf, über ihre Tante Irina, die bis vor kurzem ihr Vormund war, über ihre Eltern, die sie nie gekannt hatte. Eigentlich wollte sie etwas hinzufügen, aber weil ihr nichts einfiel, las und verbesserte sie das bisher Geschriebene.

Ich wurde in Estland geboren. Mein Vater war ein Professor. Meine Eltern besaßen ein schönes Haus auf einem kleinen Grundstück und einen wundervollen Garten, um den sich meine Mutter mit großer Hingabe kümmerte. Die jüngere Schwester meiner Mutter, Irina, wohnte bei uns.

Sie wollte das Land mit einem Mann namens Martin Burkhart verlassen. Er war doppelt so alt wie sie und sehr reich.

Mein Vater hatte ein Gespür für drohende Gefahr. Meiner Mutter fehlte dieses Gespür, sie sah nur das Gute in den Menschen. Mein Vater flehte Martin an, mich mitzunehmen. Irina erzählte mir, dass meine Mutter mich festhielt und drei Tage und Nächte lang weinte. Ich fand die Vorstellung tröstlich, von den Tränen meiner Mutter benetzt zu sein. Im selben Frühjahr wurden meine Eltern getrennt und aus ihrem Dorf in Estland deportiert. Meine Mutter wurde in ein sibirisches Arbeitslager geschickt, was mit meinem Vater geschah, ist nicht bekannt. Ich selbst habe keine Erinnerung daran. Ich weiß nur, was Irina mir erzählte. Ich weiß auch nicht, wie meine Eltern hießen oder unser Dorf, weil Martin solche Informationen für zu gefährlich hielt. Damals hatten alle Angst, sogar als der Krieg vorbei war, aber ich war nur ein Kind, das sich vor nichts fürchtete.

Irina war schön wie ein Filmstar, wie Gene Tierney, die ich aus Irinas Filmzeitschriften kannte. Sie hatte einen ähnlichen Überbiss und trug dieselbe Frisur. Martin kümmerte sich um unsere Papiere, unsere Rationen und gab mir seinen Nachnamen. Er kümmerte sich um alles.

Er war von Irinas Schönheit bezaubert wie ein anderer vielleicht von einem Objekt hinter einer Glaswand in einem Museum. Manchmal war sie etwas hochmütig, doch das schien ihm zu gefallen; er kaufte ihr viele Geschenke.

Martin zeigte großes Interesse an meiner Entwicklung. Er kaufte mir eine Puppe und hübsche Kleider. Ich hatte Ballettstunden und einen Hauslehrer, der ihm versicherte, ich sei eine hervorragende Schülerin. An meinem fünften Geburtstag ging er mit uns zu einer Eis-Revue. Daran erinnere ich mich am deutlichsten.

Nachdem ich die Eiskunstläufer gesehen hatte, weinte ich drei Tage und drei Nächte lang. Genau wie meine Mutter. Vielleicht ahnte ich mein Schicksal, aber ich war noch zu jung, um wirklich zu begreifen, was das hieß. Martin, der Tränen nicht widerstehen konnte, kaufte mir bald ein Paar Schlittschuhe, einen weißen Muff für meine Hände und eine dazu passende Mütze. Als ich zum ersten Mal auf das Eis trat, zögerte ich, nicht aus Angst, sondern vor Aufregung, denn es geschah etwas Wundervolles. Alles, was ich brauchte, offenbarte sich mir im Bruchteil einer Sekunde, es war, als wüsste ich plötzlich sämtliche Antworten bei einem schwierigen Test oder den genauen Weg zu einem unmöglichen Ziel.

In einem Augenblick, der augenblicklich wieder verschwand, aber seine Spuren hinterließ, sah ich alles vor mir. Ich spürte instinktiv, wenn es so weit wäre, hätte ich mein Schicksal in der Hand. Ich lernte so schnell, dass ich neben Ballett- auch noch Eiskunstlaufunterricht bekam; wenig später gab ich das Ballett ganz auf. Ich hatte, was ich brauchte. Ich wollte Ballett und Eiskunstlauf einfach miteinander verbinden. Ähnlich lief es auch mit allem anderen. Martin brachte mir Schach bei. Ich war ein ebenbürtiger Gegner, wollte aber nicht unbedingt gewinnen. Mich interessierten nur die Züge und wie ich sie routinemäßig umsetzen konnte. Ich sprach nie darüber, weil ich befürchtete, Martin könnte mich ermahnen, nicht nur ans Schlittschuhlaufen zu denken. Er hielt mich für naturwissenschaftlich begabt, aber dieses Talent gab mir nichts an die Hand, um das Unaussprechliche auszudrücken. Wir unterhielten uns in vielen Sprachen miteinander, auch in toten. Aber von allen erlernten Sprachen beherrsche ich Schlittschuhlaufen am besten. Eine Sprache ohne Worte, wo der Verstand sich dem Instinkt beugen muss.

Und dann veränderte sich alles. Martin starb plötzlich an einem Herzinfarkt. Wir durften nicht zur Beerdigung kommen. Sein Anwalt schickte Irina einen Scheck und die Schlüssel zu einem Haus, das auf einem kleinen Grundstück am Waldrand lag. Wir mussten aus der Wohnung ausziehen, die er uns zur Verfügung gestellt hatte. Von dem Geld, das er ihr hinterlassen hatte, konnten wir angenehm leben, doch nach seinem Tod war nichts mehr so schön wie früher. Erst als ich den verborgenen Teich entdeckte, begriff ich, warum er das Haus gewählt hatte. Ich war fast elf. Vermutlich hatte er gewusst, dass ich ihn finden würde. Aber Irina war dort nicht glücklich, sie wurde es erst wieder, als sie Frank kennenlernte. In der Zeit davor bewegte sie sich wie ein Geist durch das Haus.

Seit fast zwei Monaten ist Irina jetzt fort. Dass ich nicht mehr zur Schule gehe, würde sie mit Sicherheit ärgern. Aber meine Lehrer vermissen mich nicht. Meine widersprüchlichen Gedanken und Fragen waren ihnen immer unangenehm, und beibringen können sie mir ohnehin nichts mehr. Ich verstehe, warum Irina wegging; wir haben uns nie sehr gemocht. Für sie war ich eine Bürde, die sie übernehmen musste. Trotzdem beschleicht mich ein ungutes Gefühl, wenn ich an mein Verhalten bei ihrem Abschied denke. Ich war ziemlich hartherzig und schwieg eisern. Vielleicht hatte ich einfach Angst, weil sie das einzige Band zu meiner Familie ist.

Eugenia hielt beim Lesen kurz inne und fügte dann die Worte *Sie ist meine Familie* hinzu. Als sie den Stift beiseitelegte, bedauerte sie aufrichtig, dass sie Irina den Abschied so schwergemacht hatte. Vielleicht hatte das Geschenk des Fremden sie irgendwie entwaffnet und seine spontane Großzügigkeit ihr junges verhärtetes Herz geöffnet. Sie schaute zum Fenster und stellte fest, dass der Regen leichtem Schneefall gewichen war. Sie schloss ihr Tagebuch, schlüpfte in den Mantel, warf sich die Schlittschuhe über die Schulter und ging durch den Wald zum Teich. Dort lief sie auf dem Eis, bis die Sonne unterging. Danach saß sie auf dem flachen Felsblock, löste langsam die Schnürsenkel ihrer Schlittschuhe und untersuchte die Kufen. Sie hatte keine Angst, im Dunkeln nach Hause zu gehen, denn sie war denselben Weg schon tausendmal gegangen und kannte jeden einzelnen Stein.

Der Mond ging auf und erleuchtete den Teich. Eigentlich war es eher ein kleiner See, der erstaunlich tief war; jedenfalls war er ihre heimliche Rettung vor der bedrückenden Atmosphäre in dem einsamen kleinen Haus, das Irina stets als Gefängnis empfunden hatte. Bis sie Frank traf, der so attraktiv war wie sie schön, der sie schließlich glücklich machte und von dort wegholte.

An dem Tag, als Irina ging, war sie ungeschminkt und weinte bitterlich. Eugenia fand, dass sie jung aussah und wie eine Schauspielerin wirkte, die eine oft einstudierte Rolle zum Besten gab.

– Ich muss gehen. Frank wartet auf mich. Er hat mir etwas Geld für dich gegeben, es liegt auf der Kommode. Bald wirst du sechzehn. Du wirst gut zurechtkommen, genau wie ich.

Eugenia stand schweigend da. Sie wollte auf Irina zugehen, ihr für all ihre Opfer danken, aber sie fand nicht die richtigen Worte. Nur eine Sturzflut von Fragen, die für immer unbeantwortet bleiben würden.

– Bitte nimm es mir nicht übel, ich habe mein Bestes getan. Ich bin schon zweiunddreißig, und das ist meine letzte Chance, mir etwas Eigenes zu schaffen.

Bevor sie die Tür öffnete, hielt sie inne und schaute Eugenia verzweifelt an.

– Ich bin schön auf die Welt gekommen, platzte sie heraus, warum soll ich ein hässliches Leben führen?

Und dann war sie fort. Wie Eugenias Eltern, wie Martin, wie die Wäsche auf der Leine.

Die Sterne erschienen wie aus einem Netz geschüttelt. Eugenia betrachtete sie gedankenverloren. Jeder Stern spielt seine Rolle; jeder hat seinen eigenen Platz. Alles, was ich darstelle, dachte sie bei sich, wurde mir von der Natur geschenkt.

3

ER WAR ALLEINSTEHEND und in den späten Dreißigern, ungewöhnlich beherrscht, abgehärtet und männlich, aber auch äußerst feinfühlig, nachdem er Erfahrungen auf dem Gebiet der Wissenschaft, der Kunst, der Ausschweifung und des Lebens allgemein gesammelt hatte. Als Händler von Artefakten, seltenen Schriften und Waffen konnte er mühelos Alter und Herkunft eines unbekannten Stücks Elfenbein bestimmen, indem er es befühlte oder feststellte, wie es das Licht aufsaugte oder spiegelte. Wertvolles lieferte er an Museen; Erlesenes behielt er für sich. Er war weit gereist, aber nicht zum Vergnügen. Seine Koffer enthielten eine Fülle von Objekten, die sein Vermögen beträchtlich erhöhten, wenn er sie verkaufte. Er hatte es weit gebracht, doch der Kitzel des Erreichten war hohl geworden; er stellte fest, dass er ungewöhnlich nervös und reizbar war.

In Gedanken sah er sie unentwegt Schlittschuh laufen. Er malte sich aus, wie sie in ihrem Eispalast eigenwillige Pirouetten drehte. Er stellte sich vor, wie er sie an weit entfernten Orten in einer Menge entdeckte, ihr volles dunkles Haar, ohne Mütze und Schal, ein Paar alte Schlittschuhe über die schmalen Schultern geworfen. Die kleine Hexe, dachte er, und rügte sich im selben Moment, dass er einem ungelenken Schulmädchen so viel Macht zugestand.

In einem Traum saß er an einem Tisch und betrachtete das weite Gelände eines unbekannten Kolonialanwesens. Und dann erschien auf dem hellgrünen Feld ihr Geist, zerbrechlich wie ein Turm aus Zuckerwatte. In ihrem dünnen roten Kleid, das ihre schlaksige Figur betonte, drehte sie sich langsam im Kreis. Er beobachtete glücklich, wie sie immer schneller herumwirbelte und ihre verschränkten Arme anmutig im sanften Wind neigte.

– Sie wird Ihnen nie ganz gehören, flüsterte die Frau, die ihn bediente. Er sah sie streng an.

– Haben Sie etwas gesagt?, fragte er leicht irritiert.

– Nein, Monsieur, erwiderte sie ungerührt.

Als er aufwachte, fühlte er sich seltsam eingeengt und irgendwie verärgert. Er schlüpfte in seinen Morgenrock, setzte sich ins Wohnzimmer, wo er eine Zigarre anzündete und sich in den blauen Rauchwolken verlor.

❧

Es vergingen ein paar Tage, an denen er nicht erschien. In Wahrheit vermisste sie seine Nähe, die sie wundersamerweise zu inspirieren schien. Wieder lief sie nur für sich allein. Es war noch immer eiskalt, doch dank des Mantels und der angenehmen Windstille konnte sie Stunden auf dem Eis verbringen. Der Teich war ihr Zuhause, das Schlittschuhlaufen ihre große Liebe. Sie gab sich vollkommen hin und erzeugte ihre eigene Wärme.

Jedes Jahr fürchtete sie die Ankunft des Frühlings. Das Eis unter ihren Füßen wurde dann rissig und die Oberfläche brüchig: als wäre ein Handspiegel auf einen Marmorboden gefallen. Nur noch ein kleines bisschen länger, beschwor sie die Natur, nur eine Woche, ein paar Tage, noch ein paar Stunden. Sie kniete auf dem Eis. Noch war es nicht gefährlich, aber bald.

Sie sah ihn nicht, aber sie spürte ihn und ahnte sein Näherkommen, bis sie seinen Mantel entdeckte. Er blieb in Sichtweite, hielt aber weiterhin Abstand und begnügte sich mit ihrer stummen Gemeinschaft. Sie ließ sich nicht anmerken, dass sie ihn bemerkt hatte, und nahm seine Rückkehr ungerührt hin. Sie verschränkte ihre Arme vor der Brust, schraubte sich in die Luft und sprang höher als je zuvor. Ermutigt von seiner Nähe, schloss sie mit erhobenem Arm eine dritte Drehung an und streifte mit ihren Fingerspitzen den Himmel. Im selben Moment rief sie unvermittelt aus: *Ich wünschte, ich könnte auf der Stelle sterben.* Nur eine Torheit, ein jugendliches Gebet, das einem perfekt beherrschten Sprung geschuldet war.

Schwer getroffen zog er sich zurück.

Im Morgengrauen trank sie kalten Kaffee, aß eine Schale Beeren und etwas Brot, das sie am Abend zuvor gebacken hatte. Die Sonne stand bereits hoch am Himmel, und das betrübte sie, weil sie gehofft hatte, der Winter würde noch eine Weile andauern. Als sie den Teich erreichte, war er schon da und wartete. Sie legte ihre Schlittschuhe ab, setzte eine arrogante Miene auf und trat forsch auf ihn zu. Er begrüßte sie herzlich auf Schweizerdeutsch, und als Eugenia seinen Akzent hörte, antwortete sie ihm auf Russisch. Er war überrascht und erfreut zugleich.

– Bist du Russin?, fragte er.

– Ich wurde in Estland geboren.

– Das ist ziemlich weit weg.

– Meine Tante hat mich als kleines Kind während des Kriegs hierhergebracht. Der Teich ist mein Zuhause.

– Wie viele Sprachen sprichst du?

– Einige, antwortete sie selbstgefällig. Mehr als die Finger an Ihrer Hand.

– Dein Russisch ist ziemlich gut.

– Sprachen sind für mich wie Schach.

– Und Worte wie Schachzüge?

Schweigend standen sie da, aber es war kein peinliches Schweigen. Ihr kam der Gedanke, dass sie beide eigentlich nur das Schweigen und der Mantel verband.

– Der Mantel, setzte sie an. Doch er winkte ab.

– Der Mantel ist nichts, meine Kleine. Ich kann dir alles schenken, was du willst.

– Dinge sind mir nicht wichtig. Ich will nur Schlittschuh laufen.

– Das Eis wird dich bald im Stich lassen.

Sie senkte den Blick.

– Ich habe eine Freundin, eine einflussreiche Trainerin aus Wien. Dort könntest du laufen, so viel du willst, den ganzen Frühling und Sommer über, bis dein Teich wieder zugefroren ist.

– Und was ist der Preis für dieses Vergnügen?

Er starrte sie unverhohlen an.

– Ich will nur Schlittschuh laufen, wiederholte sie.

Er reichte ihr seine Karte. Sie sah zu, wie er sich in seinem dunklen Mantel entfernte; er war nicht groß, aber der Mantel verlieh ihm einen Eindruck von Stärke.

Eugenia wartete, bis er auf dem Weg verschwunden war, dann kniete sie sich hin und hämmerte mit einem Stein auf das Eis. Sie spürte das unter der Oberfläche vibrierende Wasser und die schmelzenden Eisschichten. Unglücklich blickte sie zur Sonne, die mit ihrem Licht die Atmosphäre erwärmte. Alles war wunderschön und läutete doch den Beginn endloser Monate ein, die sie ohne ihre große Liebe überstehen musste. Ihr ganzes Selbstgefühl war eng mit den Schnürsenkeln ihrer Schlittschuhe verknüpft. Der Winter würde in den Frühling, in den Sommer übergehen, und sie könnte nur warten, bis die fallenden Blätter die Rückkehr des Winters verkündeten. Sie tastete nach der Karte in ihrer Tasche. Ein Chor von Emotionen regte sich in ihr, sie war frei und gefangen zugleich.

4

ES WAR DER ERSTE FRÜHLINGSTAG. Licht fiel durchs Fenster auf ihr Bett. An der Wand über ihrem Bett hingen Bilder von Eva Pawlik. Ihre Schlittschuhe warteten verlockend an einem Haken, doch das Eis schmolz bereits. Sie machte sich einen Kakao und entfaltete dann eine kleine Decke, die sie in einem Korb in der Ecke ihres Zimmers aufbewahrte. Irina hatte sie ihr am Morgen ihres dreizehnten Geburtstags geschenkt, nachdem sie die Decke all die Jahre über aufgehoben und auf den richtigen Augenblick gewartet hatte. Ihre Mutter hatte die Decke für sie gemacht, und daran befestigt war ein Brief von ihrem Vater. Damals hatte sie ihn nicht lesen können, doch inzwischen beherrschte sie die Sprache, übersetzte ihn und las ihn immer wieder. Ihr Vater schrieb, wie er sie in die Luft geworfen und sich gefreut hatte, dass sie die Augen ihrer Mutter hatte, dunkelbraune Augen, die alles zu enthalten schienen. Die Decke, in deren Ecken winzige Blumen gestickt waren, fühlte sich an wie ein weicher Pfirsich.

Danke, Mutter, flüsterte sie, danke, Vater.

Als Eugenia Irinas alten Wollpullover stopfte, entdeckte sie eine Haarsträhne und fragte sich, ob ihre Tante wohl je wieder zurückkäme. Irina hatte sie großgezogen, aber alles Wissenswerte über die Familiengeschichte für sich behalten. Es war immer schwierig gewesen, ihr etwas aus der Nase zu ziehen, nur manchmal, wenn sie ein bisschen zu viel Wodka getrunken hatte, erzählte sie vom Heulen der Wölfe, den vereisten Bäumen oder dem Duft der allgegenwärtigen rosa-weißen Frühlingsblumen. Aber nichts von ihren Eltern. Eugenia hatte in Irinas kalten Augen oft nach Antworten gesucht.

– Such deine Mutter nicht in mir, sagte sie oft. Du musst sie in dir suchen.

– Sehe ich ihr ähnlich?

– Das weiß ich wirklich nicht, antwortete sie dann ungeduldig und schminkte sich die Lippen.

– Aber meine Haare sind wie ihre.

– Ja, vielleicht.

– Habe ich die Augen von meinem Vater?

– Schau nicht zurück, Eugenia, riet Irina ihr und warf sich ihre Fuchsstola über die Schultern. Die Zukunft spielt sich vor uns ab.

Jetzt besitze ich einen schöneren Mantel als sie, dachte Eugenia reumütig. Aber sie hätte ihn liebend gern für ein einziges neues Puzzleteil hergegeben. Sie hatte nichts außer einem wiederkehrenden Traum, wie ein bewegtes Standbild aus einem körnigen Film – ihre Mutter, die ihre Augen vor der Sonne abschirmt und wehende Laken auf einer Wäscheleine. Die Trennung hatte zu früh stattgefunden, um sich als bleibende Erinnerung einzuprägen, doch Eugenia hielt eisern daran fest. Sie sammelte jeden flüchtigen Hinweis, jede banale Erinnerung, jede neue Facette der alten Geschichte und bat Irina immer wieder um einen kleinen Flicken für die brüchige Patchworkdecke, aus der ihre Vergangenheit bestand. Sie verlangte nie nach Liebe oder Zuwendung, hatte keine Erfahrung mit Jungen oder unschuldigen Küssen. Sie wollte nur wissen, wer sie war, und sie wollte Schlittschuh laufen. Mehr nicht.

Eugenia holte die Karte aus ihrer Manteltasche. Er hatte ihr alles angeboten. Eine eigene Trainerin, schöne Schlittschuhe, eine Eisbahn zum Üben, so viel sie wollte. Sie legte die Karte auf den Tisch und fuhr mit dem Finger den in Zierbuchstaben geprägten Namen nach, *Aleksander Rifa*, unter dem eine handgeschriebene Adresse stand. Er hieß Alexander, doch für sie würde er immer Er sein.

Als er am Nachmittag die Tür öffnete, stand sie vor ihm, klein und trotzig.

– Heute ist mein Geburtstag, sagte sie. Ich werde sechzehn.

Er führte sie in eine Zimmerflucht, die seine weltlichen Güter zur Schau stellte – kostbare Ikonen, Kruzifixe aus Elfenbein, schwere Perlenketten, Koffer, randvoll mit bestickten Seidenstoffen und seltenen Manuskripten. Er bot ihr alles, was sie wollte.

– Ihr Vermögen interessiert mich nicht.

– Aber vielleicht ein Geschenk zu deinem Geburtstag.

– Ich will nur Schlittschuh laufen. Deswegen bin ich hier.

Er stand vor einer Glasvitrine mit einem kunstvoll emaillierten Ei. Gegen ihren Willen fühlte sie sich von dem Ei angezogen, und er schloss die Vitrine auf und legte es vor sie hin.

– Öffne es, sagte er. Das war ein Geschenk vom Zaren an eine Kaiserin.

Im Inneren befand sich eine winzige kaiserliche Kutsche, wunderschön in Gold gearbeitet. Er legte die Kutsche in ihre Hand und beobachtete ihre Reaktion.

– Raten Sie, wie ich heiße, sagte sie.

– Es gibt viele Namen.

– Aber ich heiße wie eine Königin.

– Es gibt auch viele Königinnen.

Sie folgte ihm ins Schlafzimmer und stand schweigend da, während er sie langsam entkleidete; aber er spürte, dass ihr Puls schneller schlug. Er nahm sie langsam und erstaunlich sanft, und als sie vor Schmerz aufschrie, tröstete er sie leise. In der Nacht nahm er sie wieder und weckte in ihr eine heimliche und verblüffende Begierde.

Am Morgen entfernte er das Laken, auf dem ein blutfarbener Fleck prangte.

– Wenn du willst, kannst du dieses Zimmer haben. Ich sorge dafür, dass jemand neue Laken kauft.

– Nein. Ich kaufe meine Sachen selbst.

Er machte ihr Frühstück, während sie sich wusch. Sie trat erwartungsvoll an ihn heran.

– Schon als du auf mich zugekommen bist, wusste ich, du bedeutest Ärger, sagte er. Ich habe gespürt, wie du meinen Mantel streifst.

– Ich habe dich nicht gesehen.

– Vielleicht hast du mich gespürt, so wie ich dich gespürt habe.

– Nein. Ich habe nichts gespürt.

Die Jugend kann grausam sein, dachte er bei sich, aber auch er verstand es gut, sie leiden zu lassen. Er presste sich an sie, sagte, er müsse jetzt gehen, und flüsterte dann den Namen, den er sich für sie ausgedacht hatte: Philadelphia.

– Warum Philadelphia?

– Weil, flüsterte er ihr ins Ohr, weil Philadelphia früher eine Hochburg der Freiheit war.

Sie lehnte sich an die Wand.

– Ich will den kleinen Beutel, den du am Hals trägst, sagte sie plötzlich, als wollte sie es ihm heimzahlen.

Er zögerte erstaunt, konnte ihr den Wunsch aber nicht abschlagen.

– Er enthält wertlose Souvenirs, nur kleine Schrauben und den Schlagbolzen eines alten Gewehrs.

– Muss ein wichtiges Gewehr sein.

– Es hat einem Dichter gehört.

– Und wo ist das Gewehr?

– Irgendwo weit entfernt in Sicherheit. Die Schrauben habe ich entfernt, damit niemand es benutzen kann. Ohne sie ist die Waffe nutzlos. Der Beutel ist zugenäht.

– Gib ihn mir.

– Willst du ihn wirklich?

– Ja.

– Bist du sicher?

– Ja, sagte sie ungerührt.

– Dann muss ich dir irgendwann auch das Gewehr geben.

– Wie du meinst.

– Du machst mich fertig, sagte er.

– Du mich auch, erwiderte sie.

Auf einem kleinen Zettel stellte er ihr einen großen Geldbetrag aus. Geh zu dieser Adresse und kaufe neue Laken, und zwar diese Marke; er schrieb den Namen auf die Rückseite und küsste sie noch einmal. Es dauerte eine Weile, bis sie das Geschäft fand. Auf langen Regalen lagen alle erdenklichen Laken, aber es zog sie zu einer Glasvitrine mit Morgenröcken und Pyjamas aus fleischfarbener Seide. Statt der Laken wählte sie ein schlichtes Hemd aus der Vitrine, für das sie die Hälfte des Geldes verbrauchte, und fuhr dann mit der Straßenbahn in ein anderes Viertel. Dort ging sie in ein kleines Gebrauchtwarengeschäft, das Bettzeug aus diversen chinesischen Wäschereien verkaufte. Nach langer Suche fand sie ein paar Laken, auf deren Etikett der von ihm aufgeschriebene Name stand. Italienische Laken, leicht zerfranst, aber viel schöner als alles, was sie bisher gesehen hatte.

Danach ging sie in ein Restaurant, bestellte ein großes Steak und einen Becher Kaffee. Manchmal berührte sie den kleinen Beutel, der in der kleinen Kuhle unter ihrer Kehle hing. Es hat mich viel gekostet, dachte sie, allerdings eher stolz als bedauernd. *So wurde ich Philadelphia,* schrieb sie später in ihr Tagebuch. *Wie die Stadt der Freiheit. Aber ich war nicht frei. Hunger ist sein eigener Wächter.*

5

ER KEHRTE MIT KLEINEN GESCHENKEN für sie zurück. Ein hellrosa Pullover und ein Medaillon mit der heiligen Katharina, der Schutzheiligen von Estland. Am besten gefiel ihr jedoch eine Zeitschrift mit Bildern von Eiskunstläuferinnen, mit Sonja Henie auf dem Cover. Eine Zeitlang wirkte sie merkwürdig träge und herrlich gefügig; sie ließ sich von den Pollen des Frühlings tragen.

In ihren erschöpften Nächten gewährten sie einander kurze Einblicke in ihr Leben. Er erzählte von einer privilegierten Herkunft, sein Vater ein Diplomat, seine Mutter aus einer prominenten Schweizer Familie. Als Privatschüler tat er sich besonders in Sprachen hervor und war gesellschaftlich parkettsicher, aber innerlich zerrissen, verzehrt von dem Wunsch, alles zu zerlegen und nach seiner Vorstellung neu zu ordnen. Trost fand er bei dem Dichter Rimbaud, dem es mit Worten so ähnlich erging.

– Ist er dein Dichter?, fragte sie und berührte den kleinen Beutel.

Alexander hatte einen Hang zu schönen Künsten, beugte sich jedoch dem Willen seines Vaters und studierte in Wien Ingenieurswesen. Er war dort unglücklich, sagte sich von seinem Vater los und schloss sich in Frankreich der Resistance an. Ihm wurde klar, dass alles zu zerlegen eine starke Seite der menschlichen Natur war. Auf eigene Faust forschte er weiter und folgte der Spur des Dichters vom Gotthard-Pass bis nach Abessinien am Roten Meer.

Er las ihr Passagen aus *Eine Zeit in der Hölle* vor. Sie lag neben ihm und stellte sich den jungen Alexander vor, der die Universität verlassen hatte wie sie die Schule. Der hypnotische Klang seiner Stimme lockte sie in den Schlaf. Er las weiter, legte dann das Buch beiseite, um sie zu betrachten, klein und rosig, mit einer feuchten Spur unter dem Nabel, durch die er sich bemüßigt fühlte, sie aus ihrem Schlummer zu wecken.

Die ganze Natur erwachte zum Leben und blühte auf. Eugenia erzählte ihm die Geschichten, die sie in ihr Tagebuch geschrieben hatte, und beantwortete seine Fragen mit monotoner Stimme, ein gelassener Off-Kommentar aus einem Phantomleben.

– Hast du deinem Vater nahegestanden?

– Ich kannte meine Eltern beide nicht. Sie wurden im Frühjahr von Estland in ein sibirisches Arbeitslager deportiert.

– Und aus welchem Grund?

– Man braucht keinen Grund, um Menschen wie Schafe zusammenzutreiben.

– Eine Geschichte mit vielen Lücken.

– Manches verschwimmt, bevor es Erinnerung wird. Ich erinnere mich an Züge. Ich erinnere mich an Sprachen, die ich schnell gelernt habe. An meine Tante Irina, die mit geneigtem Kopf vor einem Spiegel sitzt und sich die Haare bürstet.

– Erzähl mir von Irina.

– Sie hat mich großgezogen, aber sie bleibt mir ein Rätsel. Ihr Traum war, nach Amerika zu gehen und Schauspielerin zu werden, aber der Krieg kam dazwischen. Sie hatte einen Liebhaber, der doppelt so alt war wie sie. Er nahm sie mit, und mein Vater bat ihn, auch mich mitzunehmen. Wir haben mehrere Grenzen überquert und uns in der Schweiz unter seinem Schutz niedergelassen. Er hatte schon eine Familie, aber er war so nett, wie er reich war. Er hat mir Kleider gekauft, und Irina ein goldenes Armband.

Meine Tante war schön; wie hätte sie sonst einen so netten Mann für sich gewinnen können? Er ging auf ihre Launen ein und war gerührt von ihrer unbändigen Freude über jedes neue Geschenk. Ich war fünf, als er uns zu einer Eis-Revue mitnahm. Ich konnte nicht aufhören, zu weinen, obwohl ich noch nie etwas so Schönes gesehen hatte. Ich wollte sie sein, dieses Mädchen mitten auf dem Eis. Trotz meines jungen Alters wusste ich, das war mein Schicksal. Ich beherrschte viele Sprachen nur vom Hören. Ich war eine Spitzenschülerin, aber nur auf dem Eis war es mir möglich, das Unsagbare auszudrücken. Draußen wurde die Welt wieder neu aufgebaut, aber wir lebten in einer Glaskugel, und ich war zu jung, um das alles zu verstehen. Nachdem Martin gestorben war, brachte Irina nie einen Mann mit nach Hause, sie verschwand nur hin und wieder, kehrte aber immer zurück. Kurz nach meinem vierzehnten Geburtstag lernte sie Frank kennen.

– Frank. Ist er ein guter Mensch?

– Er ist gut für Irina, davon bin ich überzeugt, und er ist so gut aussehend, wie sie schön ist. Frank war Vorarbeiter in einer Baufirma und hat nach dem Krieg viel Geld verdient. Er brachte Irina zum Lachen. Er war oft beruflich unterwegs, aber wenn er zurückkam, war alles gut. Als ich aus meinen Schlittschuhen herauswuchs, nahm ich mir Geld aus seiner Tasche und kaufte mir ein gebrauchtes Paar, etwas zu groß, aber gute Qualität mit feinen Kufen. Irina wollte wissen, woher ich das Geld hatte, und ich sagte es ihr. Ich dachte, Frank wäre sauer, aber das war er nicht. Zeig sie mir, meinte er. Ich sagte ihm, dass sie ein bisschen zu groß seien, ich aber die Zehen ausstopfen würde. Frank montierte die Kufen ab und ließ sie in der Stadt schleifen. So war er. Bei ihm war Irina anders als bei Martin. Sie zog ihm die Schuhe aus und massierte ihm die Füße. Vielleicht war sie glücklich.

– Warst du eifersüchtig auf Irina?

– Eifersüchtig? Warum sollte ich eifersüchtig sein? Irina kann nicht Schlittschuh laufen.

Sie stand auf und zog ihren Slip aus.

Alexander lag wartend auf dem Bett und umfasste ihre Hüften. Langsam, Philadelphia, sagte er, und dann rollte er sie auf den Bauch und drang vorsichtig in sie ein. Als sie aufschrie, drehte er sie um. Sie spürte seinen Atem. Sie spürte einen Puls, wie ein kleines Herz, und als sie ihre Hüften hob, erinnerte sie sich an das Gesicht eines Jungen, der ihr Kommunionkleid mit Dreck beworfen hatte. Sie sah den Fleck und seine schmutzigen Hände. Sie sah Irinas weiße Spitzenhandschuhe. Draußen läuteten die Glocken. Sie schwamm in Schmutz, völlig verloren.

6

FÜR IHRE GESCHICHTE GAB ES KEINE LÖSUNG, sie konnte sich allenfalls entwirren. Eine Geschichte, der eine mythische Kraft innewohnte. Eine, die auf sich selbst zurückfiel und nur Flüchtiges hinterließ; ihr Bett eine bittere Wolke, auf der sie sich erbarmungslos paarten und dahintrieben. Wann wird es aufhören, schön zu sein, ein aufrichtiger Moment des Herzens? Wann wird es entgleiten, aus dem Ruder laufen und in zwanghafter Leere enden? Diese Fragen beschäftigten ihn, als er eines Abends spazieren ging und stehen blieb, um seine brennende Zigarre in die abgefallenen Blätter zu schnipsen. Er beobachtete, wie sie aufloderten und an ihrer eigenen Feuchtigkeit erstickten.

Wenn er auf Geschäftsreise war, dachte Eugenia die ganze Zeit an ihn. Das heißt, nicht wirklich an ihn, eher an das, was zwischen ihnen schwelte und mit seiner Wärme den geliebten Teich zu überziehen schien, bis er an den Rändern schmolz. Sie träumte, sie würde immer schneller laufen, während er ihren Namen in ihre kleine Ohrmuschel flüsterte. Philadelphia. Sie stieß sich vom Eis ab, vollführte drei Drehungen und versuchte eine vierte. Ein herrlicher Sprung zerbarst in der Sonne, die durch das Fenster auf ihr Kissen fiel, als sie die Augen öffnete.

Sie stieg in die Straßenbahn und fuhr zu ihrem kleinen Haus zurück, um ein paar Sachen zu holen. Sie fand zwei Briefe von der Universität, in der man sie erwartete. Ihre Testergebnisse gehörten zu den besten im Land, sie würde eine Silbermedaille in Mathematik erhalten. Doch das interessierte sie wenig. Trotz eines leichten Nieselregens machte sie einen Spaziergang durch den Wald. Der Weg zum Teich war schlammig. Und dann erschien es vor ihr: ein stark getrübtes, merkwürdig fremdes Diorama. Als sie sich auf den flachen Felsblock setzte, auf dem sie seit ihrem elften Lebensjahr so oft gesessen hatte, begann es stärker zu regnen. Niedergeschlagen verabschiedete sie sich von ihrem Teich und ging zum Haus zurück. Sie schlief in ihrem alten Bett. Es war eine kalte Nacht, und sie hatte kein Holz für ein Feuer. Zitternd und fiebrig wachte sie auf.

Am späten Vormittag kehrte sie in seine Wohnung zurück und legte sich auf das Bett in ihrem Zimmer; es war klein und hatte nur ein Fenster, aber immerhin gehörte es ihr. Sie erinnerte sich, als Kind schon einmal so krank gewesen zu sein. Martin hatte Irina damals empfohlen, ein paar weiße Zwiebeln klein zu schneiden und in einem Topf aufzukochen. Irina erwiderte, der Zwiebelgeruch würde ihr Kleid ruinieren, worauf er versprach, ihr ein neues zu kaufen. Eugenia musste sich über den Topf beugen und den Dampf durch den Mund einatmen. Martin blieb den ganzen Abend bei ihr. Das merkwürdige Ritual wurde feierlich wiederholt. Schälen. Schneiden. Kochen. Dampf einatmen. Sie träumte von ihrem Beschützer, der nichts von ihr verlangt hatte. Er war immer freundlich. Es gab immer genügend zu essen und Blumen. Sie hatte ein Zimmer mit hellgelben Wänden und eine Puppe mit einem Kleid, dessen Farben sich im Morgenlicht zu verändern schienen. Cremeweiß zu Hellrosa zu Pfirsichrot. Sie träumte den wiederkehrenden Traum von ihrer Mutter. Sonne, Wäsche auf der Leine und eine Frau, Irina nicht unähnlich, nur mit kürzerem, dunklerem Haar, die ihre Augen vor der Sonne schützt.

Als Alexander zurückkehrte, rief er nach ihr, aber sie antwortete nicht. Er fand sie in ihrem Zimmer, sie lag wach in der Dunkelheit. Er näherte sich ihr zögernd, berührte ihren Hals und erfasste sofort die Lage. Eugenia glühte vor Fieber. Er füllte die große Badewanne mit den geschwungenen Klauenfüßen mit eiskaltem Wasser, in dem sie zitternd lag. Dann gab er ihr etwas Warmes zu trinken und trug sie in ihr Bett. Sie spürte seine Hände und seinen Atem auf ihrer Haut. Sie spürte, wie sie langsam eindämmerte.

Zwiebeln, flüsterte sie, daran erinnerte sie sich noch.

7

ALEXANDER HIELT SEIN VERSPRECHEN. Er ließ sich ihre Schlittschuhe zeigen und entfernte die Schnürsenkel. Die wirst du nicht mehr brauchen, sagte er und gab ihr Geld für ein neues Paar, mehr als nötig. Sie bekam ein fleischfarbenes Paar mit verstärkten seidenen Schnürsenkeln. Sie passten perfekt, nur für sie gemacht. Statt zerknittertem Papier füllten nun ihre Zehen die Stiefelspitzen aus. Mit dem restlichen Geld ging sie zu einer kleinen Übungsbahn und lief die Schuhe behutsam ein. Es war lange her, seit sie neue Schlittschuhe getragen hatte. Ihre Blasen waren zwar unangenehm, doch das war nur ein kleiner Preis. Es kam ihr wie ein Wunder vor, laufen zu können, während die Blumen blühten.

Alexander stellte sie einer österreichischen Trainerin vor, sie hieß Maria. Eugenia saß still dabei, während die beiden über sie sprachen, als wäre sie eine Porzellanfigur ohne Zunge. Maria schrieb eine Adresse auf.

– Komm morgen vorbei, sagte sie zu Eugenia, dann seh ich mir an, wie du läufst. Am besten frühmorgens, denn abends wird das Eis neu präpariert.

Es war eine große Hallenarena mit zwei Bahnen.

Marias Begrüßung am nächsten Morgen fiel ziemlich kühl aus.

– Dein Wohltäter hat mir Geld gegeben, damit du jeden Tag üben kannst, so lange du willst. Ich werde dich beobachten und ihm meine Einschätzung geben.

Eugenia fühlte sich etwas bevormundet, war aber hocherfreut, dass ihr die Arena auf unbegrenzte Zeit zur Verfügung stand. Maria schien nicht sehr beeindruckt zu sein, aber Eugenia wusste um ihren Wert und band sich selbstbewusst die Schnürsenkel zu, bevor sie ihre Bühne betrat. Sie lief mehrere Runden, um ein Gefühl für die Bahn zu bekommen, und danach lösten sich alle Bedenken auf.

Maria war verblüfft über die junge Läuferin, die aus dem Nichts zu kommen schien. Eugenia war eher klein und nicht schön im herkömmlichen Sinn, aber sie wirkte ausgesprochen anmutig. Ihr Laufstil hatte etwas sehr Einfühlsames und zugleich Riskantes; sie ging immer an ihre äußerste Grenze. Die anfängliche Skepsis der Trainerin ihrem Zögling gegenüber wich schnell der Anerkennung ihrer unbestreitbaren Begabung. Maria würde ihre Siegerin bekommen. Und Eugenia eine Mentorin, die ihre Muttersprache verstand: die Sprache des Eiskunstlaufs.

Sie nannte ihre Trainerin Snezhana, weil sie immer schneeweiß gekleidet war. Dicke weiße Pullover bis zu den Knien, weiße Leggings und noch ein weißer Pullover um die Taille geschlungen. Ihr blasses Gesicht, eingerahmt von widerspenstigem blondem Haar, ließ noch die jugendliche Schönheit erkennen. Früher hatte sie das Publikum mit ihren eisblauen Augen und ihrer radikalen Laufkunst bezaubert. Emotion, dargestellt ohne Emotionen. Dann hatte ein schlimmer Unfall ihrer steilen Karriere ein Ende gesetzt. Eine Reihe von Operationen war erfolgreich verlaufen, doch Maria fand nie wieder zu ihrem bemerkenswerten Geschick und ihrer starken Athletik zurück.

Eine Siegerin würde sie für das entschädigen, was sie verloren hatte. Mit eisernem Willen gab sie ihr ganzes Wissen an Eugenia weiter und versuchte zu verfeinern, zu formen und ihr an die Hand zu geben, was sie zum Erfüllen ihres Schicksals benötigte. Aber Eugenia hatte auch ihren eigenen Willen; sie war ehrgeizig, das schon. Sie träumte nicht von großen Lorbeeren, sondern von beispiellosen Taten.

Alexander bereitete sich auf eine lange Reise vor. Eugenia vertraute ihm ihren Zwiespalt an.

– Maria versteht nicht, wie ich arbeite. Wie ich die Züge auf meinem Schachbrett improvisiere.

– Vielleicht glaubt sie, dass du zu viel denkst.

– Jeder Gedanke lässt sich in Gefühl umsetzen. Eiskunstlauf ist für mich pures Gefühl, und nicht das Tor zur Vollendung.

– Sie will, dass du vorankommst.

– Sie will, dass ich mich an einen traditionellen Rahmen halte und Geschichten aufs Eis bringe, die unnatürlich wirken.

– Dann erzähle deine eigenen Geschichten. Gib sie in deinem Stil und deiner Gestik wieder. Zum Beispiel die leeren Arme einer Mutter.

– Meiner Mutter.

Eugenia verstummte und sah zu, wie er seine Sachen aus der Kommode in den Koffer packte.

– Bleibst du lange weg?

– Diesmal ja. Aber ich komme natürlich zu dir zurück.

– Maria will mit mir in ein Trainingslager in Wien. Sie meint, dazu müsste ich meine Papiere in Ordnung bringen.

– Maria scheint mir ziemlich besitzergreifend zu sein, sagte er.

Eugenia erstarrte, obwohl sie wusste, wie recht er hatte; Maria war für sie innerhalb kurzer Zeit eine Art Mutter und Mentorin geworden.

Sie sah, wie er mit den Fingern über die Gewandfalten einer elfenbeinernen Madonna strich. Die vielen Liebkosungen über Jahrhunderte hinweg ließen ihre Patina eher golden als weiß erscheinen.

– Nimmst du sie mit?

– Ja, sie ist mein Talisman, wenn ich reise.

– Du bist auch besitzergreifend, sagte sie.

– Unsere Besitztümer bereiten uns großen Kummer, erwiderte er.

– Wie das, sie machen dir doch viel Freude.

– Wenn ich tot bin, gehören sie mir nicht mehr. Das quält mich.

– Ich gehöre niemandem, sagte sie trotzig.

– Wirklich nicht? Er lächelte und knöpfte ihre Strickjacke auf.

Eugenia fühlte sich zwischen zwei Kräften hin und her gerissen. Beide übten Kontrolle aus, doch Alexanders vorgetäuschte Gleichgültigkeit zog sie stärker zu ihm. In seiner Abwesenheit versuchte Maria, ihren Einfluss zu verstärken. Sie konzentrierte sich ganz auf das Ziel, Eugenia für die Konkurrenz vorzubereiten. Noch nie hatte sie eine so erfinderische und mutige Läuferin gesehen, aber ihr unorthodoxes Vorgehen musste gezügelt werden. Eugenia wiederum fühlte sich durch Marias Versuche unterdrückt und wollte lieber ihren eigenen Gefühlen Ausdruck verleihen, statt sich in öder Disziplin zu üben.

– Wir bereiten uns auf eine Meisterschaft vor. Es gibt Regeln. Du musst sie anerkennen und dein Pensum bewältigen.

– Es gibt viele Möglichkeiten, etwas zu bewältigen.

Eugenia lief in die Mitte der Eisbahn und vollführte, ohne zu zögern, eine Reihe unfassbarer Kombinationen. In der stillen Arena beschwor sie konzentriert und selbstbeherrscht ihre eigene Musik herauf. In diesem Augenblick war sie der legendäre Feuervogel, der sich aus der Asche eines zarten Nocturnes erhob, ein Segen und ein Fluch für jeden, der sie zähmen wollte.

Maria war fasziniert von ihrem jungen Schützling.

– Hast du einen Pakt mit dem Teufel geschlossen, einen gottlosen Handel?, fragte sie lachend.

Doch Eugenia sah eine andere Wahrheit in Marias Augen. Tief in ihrem Inneren lachte Maria nicht.

Alexander kehrte unangekündigt zurück. Maria begrüßte ihn, als er in die Arena kam; Eugenia sah ihn nicht, aber sie spürte ihn. Zufrieden beobachtete er sie beim Laufen und merkte, dass sie seine Nähe spürte. Maria hielt angesichts der unglaublichen Höhe von Eugenias Sprung vor Staunen die Luft an. Alexanders Wirkung auf das Mädchen entging ihr nicht.

– Sie macht sich sehr gut, sagte Maria zu ihm, aber sie muss mehr trainieren. Ich möchte sie mit nach Wien nehmen, dort muss sie sich einer stärkeren Konkurrenz stellen. Meines Wissens sind ihre Papiere nicht in Ordnung, sie hat nicht mal einen richtigen Pass. Das Mädchen beherrscht so viele Sprachen und scheint nirgendwo gewesen zu sein.

– Ich kümmere mich darum, versprach er, ohne seine eigenen Pläne für Eugenias Zukunft preiszugeben. Ich werde sie für ein paar Tage nach Genf mitnehmen müssen, damit die Botschaft ihre Papiere bearbeiten kann. Danach kann sie reisen, so viel sie will.

Eugenia, die nichts von den Plänen der beiden ahnte, setzte ihr Training auf dem Eis fort. Sie verfolgte ihre eigenen Ziele. Ein dreifacher Axel, warum nicht vierfach? In ihrem dämonischen Verstand regierte das Unmögliche. Sie wollte einzigartig sein, den Raum neu definieren, zu Tränen rühren.

8

EUGENIA SCHLIEF IN IHREM ZIMMER. Alexander weckte sie und brachte ihr Kaffee. Wir brechen bald auf, nimm nichts mit, sagte er. Ich habe alles, was wir brauchen.

– Meine Papiere?, fragte sie schläfrig.

– Ja, wir nehmen den Sechsuhrzug nach Genf.

Mit Hilfe seiner diplomatischen Beziehungen gelang es Alexander, einen Pass für Eugenia zu bekommen. Doch entgegen seinem Versprechen kehrten sie nicht zurück. Und trotz der Stärken, die sie unter Marias energischer Anleitung entwickelt hatte, ließ Eugenia sich von ihm entführen. Am Anfang begeisterten sie die gemeinsamen Reisen, das ständige Unterwegssein in Autos, Zügen und auf Fähren. Die wiederkehrenden Bilder von einer wartenden Maria ignorierte sie; ihre Vernunft und ihr Verantwortungsgefühl wurden von Neugier und Lust in den Hintergrund gedrängt.

Eugenia sah Dinge, die man nur aus Büchern kennt. Die Elbe. Eine Brücke über die Donau. Einen verschnörkelten Kirchturm, der eine Bombe umhüllte. Den Vieux Marché, auf dem Jeanne D'Arc verbrannt wurde, und das düstere Zimmer, in dem die siegreichen Generäle die große Weltkarte neu ordneten. Sie ging barfuß auf den unebenen Pflastersteinen im Innenhof der Zitadelle von Les Baux. Alexander hinterließ ein Kreuz aus Elfenbein in einem Mauerspalt. Sie standen davor, aber sie beteten nicht. Eugenia war des Reisens müde und schwieg. Vor dem Krankenhaus der Unbefleckten Empfängnis in Marseille legte sie Blumen unter ein niedriges Zimmerfenster, bevor sie ihre rastlose Reise fortsetzten.

– Wohin fahren wir?

– Weit weg.

– Und warum müssen wir dorthin?

– Um zu holen, was ich dir versprochen habe.

– Gibt es dort einen Teich, wo ich Schlittschuh laufen kann?

– Nein, Philadelphia, es gibt dort nur tiefe Salzseen, die nie zufrieren.

Die Sonne war eine Qual. Alles wirkte wie tot. Wie grausam er ist, dachte sie, folgte ihm aber willenlos wie einst Trilby ihrem Meister.

Sie gingen an Bord eines großen Schiffs. Als Eugenia das Salz in der Luft schmeckte, schauderte sie. Das Meer war weit, und die Wellen trugen hübsche Schaumkronen. Sie stellte sich die Wellen gefroren vor. Sie stellte sich das ganze Meer gefroren vor, sodass sie ihr ganzes Leben lang darauf Schlittschuh laufen konnte, ohne je ans Ende zu gelangen. Am Kapitänstisch sah sie zu, wie der Tischaufsatz, ein aus Eis gehauener Schwan, langsam schmolz. Das wogende Meer lullte sie ein und ließ sie tief schlafen, einen Arm über den Kopf erhoben wie beim Schlittschuhlaufen. Als Alexander ihren zierlichen nackten Körper betrachtete, überkamen ihn Schuldgefühle, die er rasch verdrängte.

Nach der Ankunft im Hafen setzten sie ihre Reise durch Meilen von rotem Staub, Wüste und Savanne fort, bis sie ein kleines, von Akazien und Eukalyptus umsäumtes Grundstück erreichten. Ein junger Mann begrüßte Alexander in einer Sprache, die Eugenia nicht kannte, dann hieß er sie auf Französisch willkommen. Die Mutter des jungen Mannes führte sie schweigend in ein geräumiges Zimmer mit gekalkten Wänden. Auf dem Boden lag eine ausgebreitete Schlafmatte, und an der Wand lehnte ein Gewehr. Die Frau brachte ihnen eine dicke Brühe, fermentiertes Brot und Becher mit einem Getränk, das nach Tierblut roch. Der Sohn schlachtete eine Ziege zu Ehren der Gäste, und die Frau verbrannte kleine Weihrauchbrocken.

Alexander stand im Morgengrauen auf und ließ sie ein paar Stunden lang allein zurück. Er wiederholte dieses Ritual jeden Tag und durchkämmte die Dörfer nach heiligen und weggeworfenen Relikten der alten einheimischen Kultur, bevor er am Abend zurückkehrte. In der Zwischenzeit kümmerten sich die Frau und ihr Sohn um Eugenia, als wäre sie eine genesende Prinzessin, und brachten ihr Schüsseln mit Grießbrei und Honig.

Sie wollen mich mästen, dachte Eugenia, aß aber gierig alles auf.

Da sie die Hitze nicht gewohnt war, schlief sie mehr als üblich. Wenn sie aufwachte, brachte die Frau ihr ein bitter schmeckendes Getränk mit einem süßen Brei, das ihren Durst nicht im geringsten löschte, aber offensichtlich ihr körperliches Verlangen schürte. Dann wartete sie und freute sich auf seine Rückkehr und eine gemeinsame wilde Nacht. Die Sterne am schwarzen Himmel hingen schwindelerregend tief. Alles schien auf einer Glasscherbe festgeschrieben zu sein. Sie besaß nicht das Feuer der Liebe, sondern das Gesicht eines schwer gezeichneten Vogels.

9

KOMM HER, PHILADELPHIA, sagte er. Er zog ihr die wenigen Kleidungsstücke aus und fuhr mit den Fingern leicht über ihren Körper. Seine Finger waren wie Federn. Er erzählte vom ersten Menschen und fuhr das lange Y des Tigris und Euphrat nach. Er wechselte übergangslos die Sprachen, und sie reagierte entsprechend, wenn auch lustlos. Plötzlich presste er sie an die Wand, und mit Entsetzen dämmerte ihr, dass auch unerwiderte Begierde glücklich machen kann.

Am Abend brachte die Frau ihnen Schalen mit süßem Kaffee ins Zimmer. Sie saßen auf dem Lehmboden. Die fleckigen Laken waren Zeugnis ihrer gemeinsamen Ekstase und Trauer. Die Frau nahm das schmutzige Laken von der Matte und ersetzte es durch ein frisches, dessen Anblick die beiden dazu animierte, das reine Weiß mit mythischer Verderbtheit zu schänden. Sie waren wie Hunde und Götter zugleich.

– Erinnerst du dich an den Tag, als du das erste Mal zu mir kamst?

– Es war mein Geburtstag, sagte sie und umklammerte unwillkürlich den kleinen Beutel.

– Gib ihn mir, sagte er. Sie richtete sich auf und nahm ihn widerstrebend vom Hals. Er war sehr klein und hing an einem Lederfaden. Alexander trennte vorsichtig die obere Naht auf; im Inneren befanden sich Aschereste sowie der Schlagbolzen und die winzigen Schrauben vom Gewehr des Dichters. Langsam und zielstrebig setzte er den Bolzen und die Schrauben in das Gewehr ein, lud es mit einer Kugel und stellte es an die Wand.

– Morgen, sagte er, bringe ich dir bei, wie man damit schießt.

In dieser Nacht fesselte er ihr mit den Schnürsenkeln ihrer alten Schlittschuhe locker die Hände. Dann küsste er zärtlich die Lider ihrer geschlossenen Augen und wanderte abwärts zu ihrem bloßen Hals. Sie warf den Kopf zur Seite und öffnete die Augen. Die Fesseln störten Eugenia kaum, sie beherrschten aber ihre Träume; sie wurden so lang wie ein Spielfeld, rankten sich wie obszöne Bänder in rasender Geschwindigkeit um die schlanken Stämme blühender Bäume und verwoben sich mit dem widerspenstigen blonden Haar ihrer Trainerin Maria.

Eugenia erwachte mit erschreckender Klarheit. Die gebundenen Schnürsenkel glitten mühelos von ihren Handgelenken, und sie kroch verstohlen von der Matte und griff nach dem Gewehr. Sie verspürte dieselbe schwindelerregende Spannung wie damals, als sie mit

Frank durch den Wald ging, ihren ersten Hasen schoss und dann zusah, wie er ihm das Fell abzog und den Kadaver zum Trocknen aufhängte.

Eugenia stand auf. Alexander lag nackt auf der Matte. Sie fand, dass er im Schlaf ziemlich wenig Ähnlichkeit mit einem Gott hatte. In ihrem verwirrten Kopf zählte sie alles auf, was er ihr gegeben und genommen hatte. Als er die Augen aufschlug, stand sie mit erhobenem Gewehr vor ihm. Verschlafen und eher amüsiert als erschrocken blickte er zu ihr hoch.

– Philadelphia, sagte er.

Sie legte das Gewehr an und richtete es auf ihr Ziel.

– Philadelphia?, wiederholte er unsicher und noch immer bemüht, richtig wach zu werden.

– Ja, Philadelphia, die Hochburg der Freiheit, sagte sie und drückte den Abzug.

In seinem Koffer befand sich eine große Geldsumme. Sie behielt ihre Papiere, gab der Frau die Hälfte des Geldes und dem Sohn Alexanders Habseligkeiten, einschließlich seiner Uhr und seinen Zigarren. Im Morgengrauen hoben sie ein Loch aus und legten Alexander Rifas Leiche mit dem Gewehr, seinem Pass und den blutbespritzten Schnürsenkeln hinein. Bevor sie ihn begruben, entfernten sie noch die Schrauben und den Schlagbolzen aus dem Gewehr. Eugenia behielt die Schrauben und das Medaillon, das er um den Hals trug. Es war aus

Silber und hatte in der Mitte eine Kerbe, als wäre eine Schlittschuhkufe darübergeglitten.

Bevor sie abreiste, sagte die alte Frau etwas auf Amharisch zu ihr. Es war das erste Mal, dass sie direkt zu ihr sprach, aber Eugenia verstand den Dialekt nicht. Der Sohn der Frau versuchte zu erklären, was seine Mutter gesagt hatte. Ein Herz bringt ein anderes zum Schweigen.

Der Sohn half ihr auf der ersten schwierigen Etappe ihrer Heimreise. Die Route war kompliziert, und Eugenia bewegte sich langsam, wie in einem Traum. Da sie noch die Fahrkarten hatte, fuhr sie erst mit dem Schiff und anschließend mit mehreren Zügen; manchmal blieb sie nur in einer Stadt, um durch die fremden Straßen zu schlendern. In Wien besuchte sie ein Museum und sah die goldene Wiege eines Kindes, das später König wurde. Ich heiße wie eine Königin, erinnerte sie sich noch, einmal gesagt zu haben. Wie lange das her war! Es ist ein langer Weg. Ein langer Weg allein. Brücken und Seen und botanische Gärten. In Zürich suchte und fand sie das Grab von Martin Burkhart, der sie und Irina so freundlich behandelt hatte, und legte Blumen nieder.

Als sie sich ihrem Zuhause näherte, schwor sie, nie wieder Schlittschuh zu laufen. Ihre Strafe war, sich das Einzige zu versagen, ohne das sie nicht leben konnte.

IO

IN IHRER ROCKTASCHE BEFAND SICH DER SCHLÜSSEL zu seiner Wohnung. Sie näherte sich der schweren Tür, in die das Wappen zweier sich umarmender Löwen geschnitzt war. Als sie den Schlüssel ins Schloss steckte, hielt sie die Luft an und rechnete fast damit, dass er da war, auf sie wartete, vielleicht mit einem kleinen Geschenk oder einer Idee, wie er sie genüsslich bestrafen könnte. Das erste Zimmer war dunkel, doch ihres war lichtdurchflutet. Wegen der überstürzten Abreise war ihr kleines Bett noch ungemacht. Als sie es sah, wurde ihr übel. Im Schrank hingen ein paar Kleider; der hellrosa Pullover, den er ihr geschenkt hatte, war noch in Seidenpapier eingewickelt.

Sie setzte sich an den Schreibtisch vor einen kleinen Bücherstapel, den er für sie als Lektüre ausgewählt hatte, fest entschlossen, ihre abgebrochene Schulausbildung wieder aufzunehmen. Ein Buch über die *Goldene Mitte*, aus der eine Eislaufkombination hervorgegangen war, die auf einer mathematischen Gleichung beruhte. Und die große Meeresschnecke, die er ihr mit der Bemerkung geschenkt hatte, die herrlich gewölbte Schale erinnere an eine Pirouette auf dem Eis. Sie entdeckte ein Foto von einem Teich, den junge Kiefern säumten, und einen Tannenzapfen, dessen klebriges Harz noch den Duft des Waldes verströmte. Ein Anflug von Reue überkam sie und breitete sich in ihr aus wie eine andere Art von Blut. Sie griff nach den ungelesenen Büchern, die zum Verfeinern ihrer Englischkenntnisse bestimmt waren. *Der scharlachrote Buchstabe* und *Der Professor*, dann das Buch, das er selbst gelesen hatte – *Der Mythos des Sisyphos*, mit russischen Kommentaren in seiner eleganten Handschrift.

Wie sanft angestoßen, öffnete sie es am Anfang und las, während sie im Geiste seine kurzen Notizen übersetzte. Der Text war eine philosophische Abhandlung über Selbstmord – *Ist das Leben lebenswert?* An den Rand hatte er geschrieben, dass es vielleicht eine noch tiefgründigere Frage gäbe – *Bin ich es wert zu leben?* Sechs Worte, die ihre ganze Existenz erschütterten. Unvermittelt stand sie auf, nahm das Foto aus seinem Rahmen, zog den Pullover über und verließ die Wohnung, darauf bedacht, nicht anzusehen, was einmal ihm gehörte.

11
DER BRIEF

Liebe Eugenia,

du hast mich oft nach unserer Familie gefragt, aber ich habe dir nichts erzählt. Dein Vater bat mich darum. Warum sollte man ein Kind mit Problemen der Politik und Herkunft belasten? Er fürchtete aufrichtig um deine Sicherheit. Er war Professor und beherrschte mehrere Sprachen, genau wie du. Seine Mutter war Jüdin; sie starb vor deiner Geburt. Heute verstehe ich ihn. Dein Vater war eher politisch als religiös. Seine offene Art führte dazu, dass er bei den Sowjets auf der schwarzen Liste stand.

Unsere Familie war katholisch, und deine Mutter hat ständig gebetet. Ihr Garten bedeutete ihr alles, aber du warst ihre kostbarste Blume. Ich empfinde nichts für meine Verwandten. Ich bin ein neuer Mensch, genau wie Frank und unser Baby, wenn es auf der Welt ist. Auch du bist ein neuer Mensch. Das war das Geschenk deiner Eltern, als sie dich ziehen ließen.

Martin hat versucht, unsere Familie zu finden. Ich wollte dich meiner Schwester zurückgeben und frei sein. Doch er fand niemanden, nichts mehr war wie früher. Ich hatte das Gefühl, als schwebten wir im Weltraum, und das machte mir Angst. Heute ist mir klar, dass es auch ein Wunder war. Wenn wir keine Vergangenheit haben, leben wir nur in der Gegenwart und für die Zukunft. Wir bilden uns gerne ein, dass wir nur aus uns selbst stammen und alles selbst bestimmen. Und dann stellen wir fest, dass wir der Geschichte und dem Schicksal einer langen Reihe von Menschen gehören, die vermutlich auch nur frei sein wollten.

Es gibt keine Anhaltspunkte, an denen wir festmachen können, wer wir sind. Kein Stern, kein Kreuz, keine Zahl auf dem Handgelenk. Wir sind wir selbst. Dein Talent kommt nur aus dir. Frank hat mir einmal erzählt, dass er dich im Wald auf einem kleinen verborgenen Teich Schlittschuh laufen sah. Er war gerade auf der Jagd. Er blieb stehen und beobachtete dich, du hast ihn nicht gesehen. Er meinte, du seist eine Siegerin. Genau das waren seine Worte.

Frank hat für uns ein schönes Haus in der Nähe des Schwarzwalds gefunden. Manchmal träume ich, dass die Wölfe heulen. Aber das ist vorbei. Ich will nur noch ich selbst sein. Ich arbeite in einem netten Geschäft und verkaufe Parfüm. Ich besitze ein paar schöne Kleider, die ich wieder tragen kann, wenn das Baby da ist. Wir sind in Sicherheit. Wir sind das neue Zeitalter.

Deine Irina

12

AM ENDE KEHRTE SIE IN DAS KLEINE HAUS ZURÜCK. Ein Fenster war zerbrochen, vor der Tür lag verdorrtes Laub. Ein kleiner Stapel Briefe war angekommen. Die Uni, Maria, Irina. Was wäre gewesen, wenn sie studiert und die Bühne der Welt betreten hätte, wenn jeder Schachzug, jede Gleichung, selbst die dunkle Unwägbarkeit der Liebe miteinander verschmolzen wären?

Der Winter mühte sich dem Frühling entgegen. Eugenia verließ nur selten das Haus. Überschattet von Kummer saß sie am Tisch vor ihrem Tagebuch und fuhr langsam, wie mit den Kufen ihrer Schlittschuhe, die Bögen der Buchstaben nach. Sie fügte dem kurzen Aufsatz ihres Lebens nichts hinzu, nur Variationen des immergleichen Gedichts, ihre *Sibirischen Blume*n, in dem vergeblichen Bemühen, die Augen eines Vaters zu sehen oder das Gesicht einer Mutter.

Im Schlaf hörte sie die zärtliche Stimme Alexanders. Im Schlaf hörte sie ihre Mutter weinen. Überwältigt von dem Bedürfnis zu beichten und alle Frevel zu gestehen, die dazu geführt hatten, dass noch ein Mensch getötet wurde, stieg sie in die Straßenbahn und fuhr in die Stadt zu der Kapelle neben ihrer früheren Schule.

– Ich möchte beichten, Vater, aber ich bin nicht imstande, vor unseren Herrn zu treten. Ich kann ihm nicht sagen, was ich getan habe.

– Mein Kind, das Geheimnis der Beichte besteht darin, alle Bürden abzuwerfen und sie ihm zu überlassen.

– Der Beichtstuhl ist nicht groß genug, um meine Sünden zu fassen. Er ist nur ein kleines Boot inmitten eines schrecklichen Ozeans.

Eugenia saß auf einer Bank im Park gegenüber der Kapelle. Sie bückte sich und band ihren Schuh zu. Zu Hause hatte sie das Geld aus Alexanders Koffer in schweres braunes Papier gewickelt. Es war eine stattliche Summe. Sie ging ein paar Straßen weiter zur Post. Dort gab man ihr eine kleine stabile Schachtel, auf die sie die Adresse schrieb, die auf dem Umschlag von Irinas Brief gestanden hatte, und die sie dann abschickte.

Am Morgen ihres siebzehnten Geburtstags holte Eugenia einen zusammengefalteten Brief aus einer kleinen Holzschatulle, auf deren Deckel ein Schmetterling gezeichnet war. Es war der Brief, den ihr Vater im Winter 1941 an ihrer Decke befestigt hatte. Sie war noch kein Jahr alt, doch er hatte schon eine Strahlkraft in ihr entdeckt, die weit über das Haus, die Blumen im Garten und die Schönheit seiner Frau hinausreichte. Eugenia öffnete ihr Herz, um zu spüren, wie ihm angesichts des drohenden Schattens von Stalins anrückenden Truppen zumute war. Während die Blumenknospen barsten und das Nahen eines obszönen und schrecklichen Frühlings verkündeten. Sie musste den Brief nicht lesen, weil sie jedes Wort auswendig kannte. Aber ihr Blick blieb an den letzten Worten hängen. Der Brief glitt ihr aus den Händen. Sie bückte sich nicht, um ihn aufzuheben.

Die Eigenschaften, die dir helfen werden, dein Leben zu meistern, hast du von mir. Die Eigenschaften, die dazu führen werden, dass man dich im Himmel willkommen heißt, sind die deiner Mutter.

Eugenia holte ihre Schlittschuhe aus dem Schrank und ging zum Teich. Es war frisch und klar, ein verheißungsvoller Tag. Unterwegs blieb sie hin und wieder stehen, hob zerstreut kleine Steine auf und steckte sie in die tiefen Taschen ihres alten Mantels, den Alexander gegen die Kälte für zu dünn befunden hatte. Sie näherte sich der Lichtung. Demselben kleinen Waldstück, demselben Teich unter demselben Himmel.

Der Priester war freundlich gewesen, hatte sie aber nicht aus der Reserve locken können. Sie zog es vor, ihre Geschichte in der größeren Kirche zu erzählen, der grünen Kathedrale der Natur. Denn auch die Natur ist heilig, heiliger als die Ikonen, heiliger als die Relikte von

Heiligen. Gemessen an den unbedeutendsten Lebewesen waren dies tote Gegenstände. Das wusste der Fuchs und das Reh und die Kiefer.

Ich bin Eugenia, sagte sie, und legte ihre Beichte ab, den Off-Kommentar ihres jungen Lebens. Sie begann mit dem ersten Erahnen seiner Nähe, ihrer Freude, dass sie beobachtet wurde und wie es ihre Leistung beflügelt hatte. Sie erzählte von ihrem Glück über den geschenkten Mantel, über seine Wärme und wie sie sich, angetrieben von Neugier und Verzweiflung, für einen kleinen Beutel mit Schrauben aus dem Gewehr eines Dichters verkauft hatte. Sie verschwieg nichts, und während sie ihre verzehrende Sehnsucht nach ihm beschrieb, spürte sie entsetzt, dass sie ihn noch immer begehrte. Sie erzählte, wie sie sein Blut von ihren Knöcheln gewaschen und ihn ohne eine Träne zu vergießen begraben hatte. Als sie diesen Augenblick noch einmal durchlebte, weinte sie, nicht um ihn, sondern um ihre Unschuld.

Langsam band sie die Schnürsenkel ihrer Schlittschuhe zu. Als sie auf das Eis trat, fühlte sie sich vollkommen wie lange nicht mehr. Alles war sofort wieder da, und sie lief mit einer Harmonie, die so überwältigend war wie die Stille. Im Wald versammelten sich die Tiere. Ein Fuchs, ein Reh, ein Kaninchen im Laub. Die Vögel, die auf den Ästen der Bäume saßen, wirkten wie hypnotisiert.

Die Sonne verströmte ihre Wärme und kündigte einen

frühen Frühling an. Die Reibung ihrer Schlittschuhe beschleunigte das frühe Schmelzen der Eisdecke, die bereits eine Vielzahl bedenklicher Risse aufwies. Sie fuhr nicht langsamer, sondern sauste über das Eis, als befände sie sich inmitten der endlosesten Endlosigkeit. Jenem berüchtigten Raum, den Mystiker, die nicht mehr die Nahrung dieser Erde suchten, heraufbeschworen und bewohnten. Befreit von Erwartungen und Wünschen drehte sie sich im Kreis und war Webstuhl, Faden, Goldstrang, alles zusammen. Sie neigte den Kopf, hob einen Arm gen Himmel und ergab sich gehorsam der behandschuhten Hand ihres eigenen Gewissens.

DAS WEISS DES WINTERS

SIBIRISCHE BLUMEN

Sibirische Blumen sind rosa
wie das Diadem einer Tochter
ein heller Morgenmantel
vor einem geschlossenen Fenster
durch das niemand mehr sieht
Überall ist Blut
das seine Farbe verloren hat
Und das Antlitz der Liebe ist nichts
als das Weiß des Winters
eine Decke auf dem Hügel
der Tanne und der Kiefer
dem Rehkitz und dem Horn
Alles ist fort
Aber die Sehnsucht bleibt
Zwei dunkle Augen
Ein geneigtes Haupt
Eine verlorene Krone

EIN TRAUM IST KEIN TRAUM

TÜR EINES VATERS

Licht fällt auf einen Schreibtisch mit einem Aschenbecher, einem Stift und einem Stoß Notizpapier. Der Schreiber beugt sich vor, greift zum Stift und verlässt so das Leben jenseits der schweren Holztür, in der zwei geschnitzte Greifvögel eine schwebende Krone halten. Trotz der Stille im Raum ist die Atmosphäre aufgeladen, gefährlich angespannt.

Draußen kauert ein kleines Mädchen unter dem unheilverkündenden Herold, der ein weiches rötliches Licht abzugeben scheint. Sie meint, den Stift ihres Vaters auf dem Papier kratzen zu hören. Sie wartet heimlich, bis das Kratzen verstummt, weil er dann die Tür öffnen, sie an die Hand nehmen, mit ihr die Treppe hinuntergehen und ihr heiße Schokolade machen wird.

WARUM FÜHLT MAN SICH ZUM SCHREIBEN BERUFEN? Um sich abzusetzen, einzuspinnen, versunken in Einsamkeit, trotz der Bedürfnisse anderer. Virginia Woolf hatte ihr Zimmer. Proust seine verriegelten Fenster. Marguerite Duras ihr stummes Haus. Dylan Thomas seinen bescheidenen Schuppen. Alle wollten eine Leere mit Worten füllen. Worten, die unberührtes Terrain durchdringen, ungeklärte Zusammenhänge ergründen, das Ungeheuerliche aussprechen. Worten, aus denen *Lolita* wurde, *Der Liebhaber, Notre-Dame-des-Fleurs*.

Es gibt haufenweise Notizbücher, die von Jahren gescheiterter Mühen zeugen, von ernüchterter Euphorie und pausenlos abgeschrittenen Dielenbrettern. Wir müssen schreiben und uns unzähligen Kämpfen stellen, wie beim Zureiten eines widerspenstigen Fohlens. Wir müssen schreiben, aber nicht ohne unermüdlichen Einsatz und ein gewisses Maß an Opferbereitschaft: um die Zukunft zu transportieren, in die Kindheit einzutauchen und die Dummheiten und Schrecken der Phantasie für eine pulsierende Leserschaft zu zügeln.

Noch in Paris erhielt ich eine Einladung von Albert Camus' Tochter Catherine, das Haus der Familie Camus in Lourmarin zu besuchen. Ich gehe nur selten zu Leuten nach Hause, weil ich mich dort trotz der erwiesenen Gastfreundschaft oft eingeengt und unter Druck gesetzt fühle. Aus diesem Grund ziehe ich fast immer die angenehme Anonymität eines Hotels vor. Doch in diesem Fall nahm ich die Einladung an; ich fühlte mich geehrt. Nachdem ich mich von Simone verabschiedet hatte, fuhr ich zurück nach Paris, stieg in einen Zug nach Aix-en-Provence und wurde von Catherines Assistent für die einstündige Fahrt nach Lourmarin abgeholt. Und alle Befürchtungen, die mich zuvor bewegt hatten, zerstreuten sich angesichts seiner Freundlichkeit und dem herzlichen Empfang.

Die alte Villa, in der früher Seidenraupen gezüchtet wurden, war von Camus' Nobelpreisgeld erworben worden und sollte neben Paris als zweiter Wohnsitz dienen. Mein kleiner Koffer wurde in das Zimmer gebracht, das früher seines war. Ein Blick aus dem Fenster genügte, um zu verstehen, was ihn hierherzog. Die nackte Sonne, Olivenhaine, trockene Erde, gesprenkelt mit wuchernden gelben Wildblumen – alles schien der natürlichen Kulisse seines Geburtslandes Algerien sehr ähnlich.

Sein Zimmer war seine Zufluchtsstätte. Hier arbeitete er an seinem unfertigen Meisterwerk *Der erste Mensch*,

BLICK AUF LOURMARIN

grub seine Vorfahren aus und erneuerte seine Wurzeln. Hier schrieb er ungestört hinter der schweren Holztür mit den zwei geschnitzten Greifvögeln, die eine Krone halten. Ich konnte mir gut vorstellen, wie die kleine Catherine mit dem Finger die Flügel nachfuhr und sich nichts sehnlicher wünschte, als dass ihr Papa die Tür öffnete.

Ich war vierzehn, als Camus bei einem tragischen Autounfall sein Leben verlor. Die folgenden Nachrichten brachten Bilder von seinen Kindern und eine Beschreibung des Koffers, der sein letztes Manuskript enthielt und im Regen auf einem Feld am Unfallort gefunden wurde. Dass ich mich in dem Zimmer, wo er dieses Buch geschrieben hatte, auch nur kurz aufhalten durfte, erfüllte mich mit Demut.

Zu der bescheidenen Möblierung gehörten einige Bücherregale, die eine Auswahl seiner Bücher enthielten. Die dreibändige Ausgabe der *Journaux de Eugène Delacroix. Lettres de Gauguin. La Vie de Mahomet.* Und *Le Viol des Foules,* Sergei Tschachotins erschreckend hellsichtige Einschätzung vom Missbrauch der Massen durch politische Propaganda. Bevor ich nach unten ging, sah ich noch einmal aus dem Fenster. Jenseits des Feldes hinter den Zypressen liegt der Friedhof, wo er neben seiner Frau ruht, sein Name leicht erodiert, als hätte die Natur ihre eigene Geschichte geschrieben.

Catherine kochte etwas zu Mittag und machte mir

einen violettfarbenen Tee, ein Heilmittel gegen meinen chronischen Husten. Wir unterhielten uns herzlich und ungezwungen, ohne einen einzigen Moment peinlichen Schweigens. Danach ging ich mit Catherines Tochter und den Hunden auf den angrenzenden Feldern spazieren. Wir redeten über Bäume und bestimmten sie – Zypressen, Tannen, Kiefern, junge Olivenbäume, Feigen- und Kirschbäume, die voller Früchte hingen, sowie eine eindrucksvolle Libanonzeder. Sie pflückte uns ein paar Kirschen, während die Hunde glücklich voraustollten. Gegen Ende unseres Spaziergangs reichte sie mir einen Stängel mit winzigen kleinen Blüten, eine Wildblume mit kaum wahrnehmbarem Duft. Sie heißt *Immortelle*, sagte sie.

Nach unserer Rückkehr bat Catherines Assistent mich nach oben ins Büro, wo sie arbeiten und repräsentieren. Das Büro war bescheiden und verströmte eine Atmosphäre stiller Produktivität. Er fragte, ob ich das Manuskript sehen möchte; ich war so erstaunt, dass ich kaum eine Antwort über die Lippen brachte.

Ich wurde gebeten, mir die Hände zu waschen, und kam der Bitte feierlich nach.

Camus' Tochter trat ein und legte das Manuskript von *Le Premier Homme – Der erste Mensch* vor mir auf den Schreibtisch, dann setzte sie sich in gebührendem Abstand in einen Sessel, damit ich mich ungestört dem Buch widmen konnte. In der folgenden Stunde hatte ich das Vergnügen, das gesamte von Hand geschriebene

Manuskript eingehend zu studieren. Jede Seite ließ Camus' tiefe Verbundenheit mit seinem Thema erkennen. Man musste den Göttern dafür danken, dass sie ihn mit diesem klaren, unbestechlichen Stil gesegnet hatten.

Vorsichtig blätterte ich Seite für Seite um und staunte bei jedem Blatt über die hohe Ästhetik. Auf den ersten hundert mit Wasserzeichen versehenen Blättern stand links eingraviert *Albert Camus,* die restlichen waren nicht personalisiert, als wäre er es leid gewesen, ständig den eigenen Namen zu lesen. Einige Seiten waren mit seinen stilsicheren Korrekturen versehen – sorgfältig überarbeitete Zeilen oder entschieden durchgestrichene Passagen. Man spürte förmlich das scharfe Sendungsbewusstsein und das rasende Herz, die den Antrieb gaben für die letzten Worte des letzten Absatzes, der letzte Absatz, den er jemals schreiben sollte.

Ich war Catherine dankbar für die Erlaubnis, das Manuskript ihres Vaters zu studieren, und brannte darauf, die kostbare Zeit zu nutzen, in der es mir an nichts fehlte. Doch allmählich spürte ich eine vertraute Verlagerung meiner Konzentration. Diesen Drang, der mich daran hindert, mich einem Kunstwerk ganz zu überlassen, der mich aus den Hallen eines geliebten Museums an mein eigenes Reißbrett zieht. Der mich drängt, die *Songs of Innocence* zu schließen, um, wie Blake, einen flüchtigen Blick auf das Göttliche zu erhaschen, aus dem später vielleicht ein Gedicht wird.

Die entscheidende Kraft für ein einzigartiges Werk ist der Ruf, zu handeln. Und ich erliege immer wieder der Hybris, zu glauben, diesem Ruf folgen zu können.

Die Worte vor mir waren elegant und glühend. Mir zitterten die Hände. Voller Selbstvertrauen drängte es mich, loszustürmen, die Treppe hochzugehen, die schwere Tür zu schließen, die einst seine war, mich vor meinen eigenen Papierstoß zu setzen und meinen eigenen Anfang zu schreiben. Ein Akt unschuldiger Entweihung.

Ich legte die Fingerspitzen an den Rand der letzten Seite. Catherine und ich sahen uns schweigend an. Mit einem Bedauern, das eher dem Ende einer Affäre angemessen war, gab ich ihr das Manuskript zurück. Ich stand auf, der nicht ausgetrunkene violettfarbene Tee war inzwischen kalt, die Strohblume blieb zurück.

Auf dem Weg in die kleine Stadt stelle ich mir vor, wie Camus von seinem Schreibtisch aufsteht und widerstrebend seine Arbeit liegenlässt. Beobachtet vom Geist eines kleinen Mädchens, geht er die Treppe hinunter und folgt demselben Weg, vorbei an der Turmuhr mit der lateinischen Inschrift: *Die vergehenden Stunden zermürben uns*. Er streift durch dieselben gepflasterten Gassen und setzt sich auf seinen Stammplatz im Café de l'Ormeau. Er zündet sich eine Zigarette an, trinkt einen Kaffee und ergibt sich dem dörflichen Treiben. In der Ferne lavendelbewachsene Hügel, Mandelbäume, blauer algerischer Himmel. Irgendwann werden seine Gedanken von der freundlichen Konversation unwillkürlich in seine Schreibkammer wandern, zu einem bestimmten Satz, der noch gelöst werden muss.

Es geht nur langsam voran. In meiner Tasche ist ein Bleistiftstummel.

Was ist der Auftrag? Ein Werk zu schaffen, das auf mehreren Ebenen kommuniziert, ähnlich einer Parabel, ohne faule Tricks.

Was ist der Traum? Etwas Schönes zu schreiben, das besser wäre als ich, das meine Versuche und meine Fehler rechtfertigen würde. Durch ein Chaos von Worten zu beweisen, dass Gott existiert.

Warum schreibe ich? Mein Finger, ein Griffel, malt die Frage in die leere Luft. Ein altes Rätsel, das sich mir seit der Jugend stellt, der Zeit, in der ich mich von Spielen, Freunden und dem Tal der Liebe entfernte, umrankt von Wörtern, einen Takt außen vor.

Warum schreiben wir? Ein Chor explodiert.

Weil wir nicht nur dahinleben können.

WRITTEN ON A TRAIN

MANUSKRIPT,

LALANNES SCHREIBTISCH, NEW YORK

Kimi

He first noticed her on the street. He noticed because she was heading the opposite way from the other students hurrying to school. She was small with a determined air and a shock of dark hair cut severely. A little scarecrow witch he remembered thinking. The little witch.

Where she was hurrying was to a ~~small~~ growth of trees ~~forest~~ just a kilometer away, to a that hid a small pond, completely frozen over. She no longer reported to school, and no one seemed concerned. Her aunt, her teachers, whom she made uncomfortable with her silence punctuated by startling observations, including a stinging critique of the teachers presentations.

A day without that girls piercing stares, and rude sporadic comments was a day of respite. She had no particular friends and her aunt who was responsible for her, was barely responsible to her own self. often missing for days ~~in a~~ lost in a half remembered descent into men + alcohol.

~~The~~ pond was uneven, ice her skates a size too big, stuffed with crushed news paper.

these handicaps surmounting perhaps attributed to her style. flawless jumps, a touchingly poetic sensibility balanced a sence of teetering, even danger as she flung herself into space, an arm raised above her. like a deranged top negotiating a liquid ye amid space, a few pines in the distance, a bruised sky.

She skated for those same trees, that same sky. None saw her nor encouraged or taught her. She was her own invention. Seeing glimpses of skaters on the news, on televised tournaments. which she devoured for want of the nourishment of love.

She could not remember when she was
first conscious of another presence,
at first a twinge of fear, which
melted as she mounted the ice.
bent in half ~~and de~~
as she spun
descending and ascending spirals.

The presence of him, another,
energized her performance, triggered
a vague competitive force she was
unaware existed, a muscle of
discontent flowing inside,
even showing off like
the little star she
was unconsciously becoming.

He had followed her one morning on
a whim, watching her, hidden among
the trees. Her solo performance
so fully engaged, unique,
frightening, excited him,
a man of unusual control, solitary,
a trader of rare artifacts, and
sometimes arms, yet possessing

a rare sensitivity. To the object he tracked down, delivered to museums, sometimes kept near in his modest yet exquisite apartment with a balcony overlooking the rooftops of ______.

An usual man, hidden in the trees, as the weeks went by, in the coldest winter on record. One morning he did not appear but a box was waiting by the edge of the pond. S

She instinctively knew it was for her, from him. She removed the few heavy rocks that kept it stationary and opened it slowly, trembling with a a small excitement.

it was a coat, with the lined impression of lightness, but of an a silky fur that warmed her before she slipped it on.

She looked around, toward his usual

spot, but there was no sense of him. Perhaps he is saying goodbye she thought, regretting she had never given him as much as a small wave of recognition

She pulled the collar to her, it was a modest coat, cut simply, old fashion, a dark mauve ~~but the fit was a~~ miracle, and the, warmth was the fit, the warmth a miracle.

princess style (research).

That morning she did not skate, ~~filled with~~ suffering a bouquet of confusion the pleasure of receiving a gift, that was designed solely for her. The suspicious joy ~~she~~ that felt, the melancholy a taste of joy that extended beyond her solitude on skates, brought her.

She felt a delight yet a fear of this delight. for it seemed to eclipse

Even for a few brief hours, her desire to address the pond,
with courage and a prayer
and even a refreshing
hubris before she
made her first
mystically awkward
turns

There was a shift in the weather. It was still very cold, but with her coat, and a happy absence of wind it felt as if a hint of spring arrived.

She dreaded Spring, for she had no ~~resource~~ recourse but the secret pond, ~~she~~ and when ~~so~~ the sun replaced the blues of winter, her life on the ice would be over.

GRABSTEIN, SÈTE, FRANKREICH

filling the deep pockets of ~~the coat~~
~~with the fur lining. Her first gift~~
~~Such a warm coat was unnecessary~~
her old coat, unlined cloth, that
had touched her benefactor with
its simplicity and inefficiency against
the ~~hostile~~ cold weather.

She removed her shoes and slipped on
her skates. As she touched down upon
the ice she felt the wholeness that
was absent, even in prayer. Everything
came back to her, every move, sence
of time, courage. She performed with
a harmony only silence could match.
the animals in the forest seemed to
gather. a fox, a rabbit on the leaves.
The birds, transfixed upon the limbs of
bordering trees.

The sun spread its warmth, a vengeance
of the coming spring. no longer content
to wait, the ice veining, a universe of
veins, ~~dis~~ ~~unifying~~ the solidarity of
ice, melting at great speed.

due to the sun and the friction of
her skates, her motion, her speed,
She paid no head, did not remove
her coat, heavy with stones,
but spun as if in the center
of an infinity of infinities
that infamous space of
mystics who no
longer need
the nourishment
of the ~~world~~
of the earth.
She spun
and was at once
the loom, the
thread the
strand
of gold
one
with heaven
and the depths
~~of~~ into
as if which she
was drawn,
by ~~a~~ the gloved hand of a
her own conscience

DIE AUTORIN DANKT

Der Familie von Albert Camus
John Donatich
Dan Heaton   Christina Coffin
Alexandre Alajbegovic   Claude Lalanne
Fred Kameny   Laitsz Ho   Ariel Garcia
Rosemary Carroll
Andi Ostrowe   12 Chairs Café   Lenny Kaye

FOTOS:

Patti Smith,
Steven Sebring (S. 10 und 122),
Linda Bianucci (S. 32)

Patti Smith, die gefeierte Musikerin, Dichterin und Künstlerin, nimmt uns mit auf eine Reise durch ihr Leben. Melancholisch, ohne sentimental zu sein, spürt Patti Smith Momenten und Menschen nach, die ihr Leben geprägt haben. Ein einzigartiger Einblick in den Kosmos dieser vielseitig begabten Künstlerin.

»›M Train‹ ist das Schönste, das Patti Smith je geschaffen hat.« *The Nation*

Kiepenheuer
& Witsch

Leseproben und mehr unter www.kiwi-verlag.de

Punkrock-Ikone und Dichterin – bei Patti Smith ging das schon immer zusammen. Wer dieses kleine Buch in die Hand nimmt, wird sofort von seinem Ton gefangen genommen. Dieses wunderbar poetische und persönliche Buch von Patti Smith enthält Texte über ihre Kindheit, Gedichte und Gedanken über das Leben, die Zeit und ihre Zeitgenossen.

»Patti Smiths Buch ist das Tagebuch einer Träumerin. Auf wunderbar leise, zärtliche und poetische Weise erinnert es einen daran, seinen Wünschen treu zu bleiben.«
Deutschlandfunk